사회과학논문 연구아이디어 이렇게 찾는다

사회조사 연구방법론의 이해와 활용

강길호 저

pnc publishing and culture
피앤씨 미디어

저자 서문

사회과학자로서 내 머릿속을 떠나지 않고 따라다니는 화두가 하나 있다. 미국과 서구사회의 관점과 이론으로 우리 사회현실을 바라보고 이해하는 것이 과연 타당한가라는 질문이 바로 그것이다. 현재 우리 사회과학계는 서구사회의 이론과 지식을 많이 차용하고 있다. 그렇다고 해서, 서구사회의 지식이 우리 사회를 이해하는 데에 부분적으로 유용하다는 점을 결코 부정하는 것은 아니다. 우리 사회현상을 서구적 관점과 지식으로 바라볼 때 우리 사회현실에 대한 왜곡된 해석과 잘못된 이해가 불가피하게 초래될 수 있다는 원론적인 문제의식을 지니고 있을 뿐이다. 그래서 '우리 사회를 올바르게 이해할 수 있는 우리 자신의 이론과 지식을 어떻게 축적할 수 있는가'라는 질문은 사회과학도인 우리에게 늘 중요한 물음이다.

이 책은 바로 이 숙제거리를 해결하려는 하나의 시도이다. 한국 사회과학의 이론화와 한국 사회에 대한 올바른 지식의 축적을 위해 우리 사회현실을 우리의 눈으로 바라보면서 학문적으로 접근하고 연구하는 능력이 필수적이다. 서구사회에서는 존재하지 않는 우리만의 독특한 사회현실을 발견하고, 서구사회와 우리 사회 모두에 존재하지만 성격이나 특성 면에서 서구사회와 다른 우리 사회현실을 올바르게 이해하려고 할 때 우리 사회과학의 이론화와 지식의 기반을 구축할 수 있다. 이를 위해 지식을 탐구하고 축적시키는 도구인 방법론적 지식을 습득하는 것이 선행돼야 한다. 이 책은 방법론에 대한 논의에 초점을 맞추고 있다. 방법론을 잘 활용한다면 한국 사회현상에 대한 지식을 차곡차곡 쌓을 수 있기 때문이다. 물론 한국 사회현상이나 사회현실을 연구하기 위한 한국적 방법론과 같은 것은 존재하지 않는다. 한국 사회현실을 연구하기 위해 필요한 방법론적 지식조차도 서구사회에서 빌려올 수밖에 없다는 것도 참 역설적이긴 하다. 방법론이란 지식을 축적시키기 위한 도구이기 때문에 문화적 가치에 좌우되지 않는 보편적 지식이라는 것이 그나마 위안이다.

사회과학 방법론이라는 이름으로 나온 책들이 시중에 넘쳐나고 있다. 발간된 사회과학 방법론 저서들은 과학적 방법론의 원리를 소개하는 책들이 대부분이다. 이 책은 단순히 과학적 방법론의 원리를 알리려는 책은 아니다. 이 책의 의도는 오히려 과학적 방법론의 무한한 활용가능성을 상세히 소개하는 데에 있다. 이것이 기존 사회과학 연구방법론의 저서들과 이 책이 차별화되는 지점이다.

이 책이 추구하고 있는 구체적인 목표는 과학적 방법론을 활용하여 연구논문의 아이디어를 찾는 방법을 독자들에게 알려 주려는 것이다. 사실, 과학적 방법론을 이용하여 연구논문의 아이디어를 찾는 요령을 터득하는 일은 결코 쉬운 작업이 아니다. 과학적 방법론의 활용지식도 필요하지만 많은 경험과 노하우가 있어야 하기 때문이다. 그럼에도 불구하고, 이 책은 이러한 일에 감히 도전하고 있다. 저자의 경험과 지식을 최대한 살려서 어려운 내용을 가급적 쉽게 설명하려는 노력을 기울였지만, 여전히 미흡한 부분이 많다는 점을 인정하지 않을 수 없다.

이 책은 사회과학 연구자가 되려고 공부하고 있는 대학원생들과 과학적 방법론을 이제 막 배우려고 하는 사회과학 전공의 대학생들 모두를 독자층으로 삼으려는 의도로 쓰여졌다. 두 마리의 토끼를 잡으려다가 한 마리의 토끼도 잡지 못할 수 있다는 우려가 있었음에도 불구하고, 공부하는 학생들의 경제적 편의와 실익을 위해 그리고 과학적 방법론에 대한 학습의 연속성을 위해 이같이 기획하였다. 과학적 방법론의 지식이 없는 상태에서 시작하는 학생들도 그리고 과학적 방법론의 지식이 풍부한 학생들도 모두 이 책으로 공부를 하는 것이 가능하다는 말이다. 따라서 이 책은 사회과학 연구방법론이나 조사방법론의 학부 교재로서 그리고 고급 사회과학 연구방법론의 대학원 교재로서 모두 사용할 수 있다고 감히 이야기하고 싶다. 물론, 언론정보학, 커뮤니케이션학, 심리학, 사회학, 교육학 그리고 정치학 등과 같이 폭넓은 사회과학분야의 조사방법론 교재로도 손색이 없다.

다만, 학부의 교재로 사용하고자 할 때 다음과 같은 순서로 가르치는 것을 권하고 싶다. 제6장은 통계에 관한 내용이기 때문에 사회과학 조사방법론의 과목에선 강의를 생략해도 무방하다. 또한 제4장과 제5장의 내용 중 일부도 교수의 판단에 따라 강의를 생략할 수 있다.

제 1 장 사회과학 연구와 연구아이디어
제 2 장 이론연구와 연구아이디어
제 3 장 방법론 개요: 과학적 방법론과 연구아이디어
제 7 장 측정도구 만드는 방법
제 4 장 측정오차와 연구아이디어
제 8 장 자료수집방법
제 5 장 연구설계오차, 표집오차 그리고 연구아이디어
제 9 장 사회과학적 연구와 논문의 구성

대학원의 경우, 이 책의 편집순서대로 강의를 하는 것이 권장된다. 제1장부터 제6장까지 집중적으로 강의를 하면서 필요할 때 제7장과 제8장을 참고하기 바란다. 그리고 마지막 장인 제9장으로 강의를 마무리하면 무난한 진행이 될 것이다. 사실, 이 책은 대학원생들을 위한 과학적 방법론 교재가 없는 우리 사회과학계의 현실을 감안하여, 대학원생들을 위한 책으로 많은 방점을 두었다.

이 책을 쓰게 된 계기는 두 가지이다. 하나는 논문을 쓰려고 할 때, 연구논문 아이디어가 없어서 쩔쩔매는 대학원생들에게 연구논문 아이디어를 찾는 방법을 알려 줌으로써 이들의 짐을 덜어주려는 것이다. 비록 학부생들이 공부하는 데 지장이 없도록 구성되어 있지만, 이 책의 기본적인 독자층은 대학원생이었다는 의미이다. 다른 하나는 한국 사회현실과 사회현상에 대한 이론화와 지식을 축적시킬 수 있는 도구로서 과학적 방법론의 활용법을 가르쳐 주자는 것이다. 책에서 설명한 내용을 충분히 숙지한다면 저자의 의도가 어느 정도 이루어지리라고 믿는다. 그럼에도 불구하고, 지금와서 되돌아보니 부족한 부분이 도처에 있는 것 같다. 아쉬운 대목이다. 저자의 학문적 소양과 능력에 대한 한계에서 비롯되었음을 자인하지 않을 수 없다. 만일 보완하거나 덧붙일 내용이 있다고 생각된다면, 언제든 저자에게 연락했으면 한다. 많은 사람들의 아이디어로 더 멋진 저서가 되었으면 한다. 그래서 저자 혼자가 아니라 많은 사람들이 함께 만들어가는 공저가 되기를 바란다.

이 책이 나오기까지 많은 사람들의 도움이 있었다. 똑똑하고 부지런한 영남대의 김경은 박사는 내용의 감수는 물론 맞춤법까지 꼼꼼히 챙겨주었다. 우아란 영남대 박사과정 학생과 체도미르 영남대 석사과정 학생도 아낌없이 시간을 투자하면서 부족한 부분을 지적하는 데 주저하지 않았다. 영남대에 다니는 많은 언론정보학과 대학원생들이 기꺼이 독자가 되어서 이해되지 않는 부분을 찾아주는 수고를 마다하지 않았다. 이들의 애정어린 도움이 없었다면 이 책의 완성도가 떨어졌을 것이다. 그리고 졸저의 출판을 마다하지 않은, 돈버는 일보다는 좋은 책을 만들겠다는 어리석음으로 가득찬 피앤씨미디어의 박노일 사장이 없었다면 이 책이 활자화되지 못했을 것이다. 심성보 이사님을 포함한 피앤씨미디어 편집진들에게도 이 자리를 빌어 고마움을 표하고 싶다. 마지막으로 생각나는 사람들이 있다. 게으름피우는 남편을 묵묵히 이해하며 기다려주는 애인 같은 여자 이은숙 마누라, 그녀는 언제나 나를 믿고 따르는 나의 열렬한 팬이 되는 데 망설임이 없다. 곁에 있는 것만으로 족한데 한결같이 내 편이 되어 힘을 북돋아주는 그런 여자다. 그리고 어려울 때 존재하는 것만으로도 힘이 되어주는 자식들에게도 이 자리를 빌어 믿음과 애정을 전하고 싶다. 언제나 한 배를 타고 있는 가족들이라는 존재가 없었다면 이 책은 감히 세상에 나오지 못했을 것이다. 그들에게 늘 고마움을 간직하고자 한다.

2017년 1월 늦은 어느 날

눈꽃으로 하얗게 뒤덮힌 영남대 교정에서

차례

Chapter 3 방법론 개요: 과학적 방법론과 연구아이디어

Chapter 4 측정오차와 연구아이디어

Chapter 5 연구설계오차, 표집오차 그리고 연구아이디어

Chapter 6 통계 및 기타 그리고 연구아이디어

Chapter 7 측정도구 만드는 방법

Chapter 8 자료수집방법

Chapter 1

사회과학 연구와 연구아이디어

이 책의 목적은 과학적 관점에서 연구아이디어를 찾는 요령을 소개하려는 것이다. 이 장에서는 연구아이디어를 찾는 데 필요한 기초 지식을 개괄적으로 설명하려고 한다. 구체적으로, 연구와 사회과학 연구 등이 무엇인지를 이야기하려고 한다. 이 장을 모두 공부하고 나면 다음과 같은 내용을 알게 될 것이다.

- 연구란 무엇인가
- 과학이란 무엇인가
- 사회와 사회현상이란 무엇인가
- 사회과학 연구란 무엇인가
- 연구아이디어를 얻는 두 가지 요령
- (사회과학) 연구의 유형

1. 연구란 무엇인가

연구라는 용어는 아마 약방의 감초처럼 수업 때마다 빠짐없이 나오는 개념일 것이다. 우리가 대학에 다니면서 수업시간에 제일 많이 들어본 용어 중 하나라는 말이다. 너무 흔하거나 익숙하면 우리가 잘 안다고 잘못 생각하듯이, 연구라는 말도 너무 자주 접해서 잘 아는 개념이라고 착각하는 개념 중 하나라고 할 수 있다. 대학 수업시간 중 쉼없이 나오는 용어라서 대부분의 학생들은 연구가 뭘까라는 고민없이 잘 이해하고 있는 개념으로 받아들이는 경향이 있다. 만일 당신이 그러한 학생들 중 하나라면 이 장을 통해서 이제 연구가 무엇인지를 확실히 이해했으면 한다.

그럼 도대체 연구란 무엇일까? 보는 견해에 따라 다양하게 정의내릴 수 있겠지만, 저자는 연구란 새로운 지식을 얻는 일이나 혹은 과정이라고 정의내리고 싶다. 이 정의에 따르면, 연구의 핵심은 지식에 있다고 할 수 있다. 지식을 얻는 노력이나 시도를 할 때 연구를 한다라고 말할 수 있다는 것이다. 지식이란 모르던 것을 발견하여 '알게 된 그 무엇'이다. 예를 들면, 다람쥐는 점프만 하는 줄 알았다가 나는 다람쥐도 있다는 것을 발견하였다면 '나는 다람쥐도 있다'는 것이 바로 지식이다.

연구의 두 번째 특징은 '새로운' 것이어야 한다는 것이다. 새롭다는 것은 기존에 알려져 있지 않은 혹은 몰랐던 것을 뜻한다. 만일 기존에 알고 있는 사실이나 내용을 재발견하였다면 이 행위는 엄밀한 의미에서 연구라고 할 수 없다는 것이다. 연구를 수행하고 나면 사람들 사이에서 혹은 사회에서 기존에는 전혀 몰랐던 내용을 적어도 하나 이상은 처음으로 알아낸 것이 있어야 한다. 따라서 연구는 기존에는 아무도 몰랐던 내용을 발견함으로써 지식을 축적시키는 과정이라고 할 수 있다.

연구가 추구하는 새로운 지식은 누구도 몰랐던 내용이기 때문에 독창적 지식이라고 할 수 있다. 즉, 독창성 혹은 창의성이 연구의 중요한 특성이라는 것이다. 이러한 이유로, 연구에 숨겨져 있는 새로운 지식을 다른 말로 창의적 아이디어라고 한다. 어떤 연구가 좋은 연구냐 혹은 아니냐는 그 연구에 스며있는 창의적 아이디어가 가치있는 좋은 아이디어냐 혹은 별로 가치없는 아이디어냐에 의해 좌우된다고 할 수 있다. 보는 사람이나 평가자에 따라 가치에 대한 판단기준이 모두 다르겠지만 적어도 아이디어의 가치유무가 연구의 수준과 질을 결정하는 중요한 요소중 하나라는 데에는 여러 의견이 있을 수 없다. 그래서 연구자의 연구능력을 판가름하는 중요한 잣대가 창의적 아이디어를 찾거나 만들어낼 수 있는 능력의 정도와 그 아이디어의 탁월성 정도라고 할 수 있다. 연구논문에는 독창적이며 창의적인 세상에 하나뿐인 아이디어가 있으며 이 아이디어가 없으면 연구라고 할 수 없다. 우리가 연구(논문)를 영어로 monograph라고 하면서 mono에 방점을 찍는 이유도 여기에 있다.

이해를 돕기 위해 연구의 예와 연구가 아닌 예를 들어보기로 하자. '가'라는 학자가 광고에서 유명모델을 쓰면 광고브랜드의 매출이 증가한다는 새로운 지식을 발견했다고 하자. 만일 '가'가 발견하기 전에 유명모델이 광고브랜드의 매출에 직접적인 영향을 미친다는 사실을 몰랐다면 '가'는 새로운 지식을 발견한 것이기 때문에 '가'의 노력은 연구라고 할 수 있다.

그러나 이 연구가 한국에서 진행되었기 때문에 미국인 학자가 미국에서도 동일한 현상이 존재하는지를 알아보기 위하여 별 생각없이 동일한 방식으로 '가'의 연구를 복제하였다면 미국인 학자의 노력은 원론적으로 연구로 받아들일 수 없다. 미국인 학자가 발견한 지식은 새로운 지식이 아니기 때문이다. 그렇지만, 미국인 학자가 한국사회와 미국사회는 특정한 문화적 요인에서 차이가 있기 때문에 한국사회에서 성립하는 유명모델과 광고브랜드의 매출 간 관계가 미국에서는 다를 수 있다는 추론적 근거를 가지고 이를 확인하기 위해 동일한 방식으로 복제 연구를 한 후 그의 추론이 맞다는 연구결과를 얻었다면 미국인 학자의 노력은 아주 훌륭한 연구라고 할 수 있다. 한국과 미국은 유명인의 광고효과가 다르다는 새로운 지식을 발견했기 때문이다. 이 미국인 학자의 독창적 아이디어는 '한국과 미국은 유명인의 광고효과가 다르다'는 것이 아니라 '왜 그러한 차이가 나는지에 대한 이유나 논리 혹은 추론'에 있다고 할 수 있다. 이 예에서 보듯이, 연구의 핵심은 바로 독창적 아이디어를 통해 새로운 지식을 발견하는 데에 있다는 점을 잊지 않아야 할 것이다. 다음에서는 연구라는 말과 함께 자주 쓰이는 과학이 무엇인지를 이야기해 보자.

핵심개념 연구, 새로운 지식, 독창성, 창의적 아이디어, monograph

2. 과학이란 무엇인가

과학이란 새로운 지식을 얻기 위한 수단이라고 할 수 있다. 몸무게를 재기 위하여 체중계가 필요하듯이 새로운 지식을 얻으려면 이를 파악할 수 있는 수단이나 방법이 있어야 한다. 새로운 지식을 얻을 수 있는 수단이나 방법은 이론적으로 무수히 많을 수 있다. 그러한 수많은 방법 중 하나가 과학이다. 그래서 과학이라는 말을 과학적 방법이라고 표현해도 무방하다.

위에서 지적한 바와 같이 지식을 얻는 방법은 무수히 많을 수 있고 실제로 다양하다. 예를 들면, 질적인 방법, 인문주의적 방법, 민속지학적 방법 등 다채로운 방법들이 존재하며 많은 사람들에 의하여 사용되고 있다. 새로운 지식을 추구할 때 각 방법은 서로 다른 원칙과 절차를 사용한다는 점에서 서로 구분된다. 과학은 다른 방법들과는 상이한 원칙과 절차를 이용하여 새로운 지식을 얻음은 물론이다.

연구자들의 관점에 따라 다르게 주장할 수 있겠지만, 저자가 보기에는 과학이 지키고 있는 기본 원칙과 절차는 크게 네 가지다. 새로운 지식을 탐구할 때 저자는 이 네 가지 원칙을 지킨다면 과학 혹은 과학적 방법이라고 할 수 있다는 것이다. 그렇다면 네 가지 원칙이란 무엇일까?

첫 번째 원칙은 객관적이어야 한다는 것이다. 여기서 '객관적'이란 의미는 자료(data)에 근거해야 한다는 말이다. 자료란 실제로 일어난 현상들을 관측해서 모아 놓은 것이라고 할 수 있다. 이런 점에서, 객관적이어야 한다는 원칙은 사람들이 지니고 있는 개인적 의견이나 생각 혹은 관점에 기반한 것이 아니라 실제로 사회에서 일어난 현상들을 기초로 해야 한다는 원칙이라고 할 수 있다.

두 번째 원칙은 체계적(systematic)이어야 한다는 원칙이다. 체계적이란 말은 일정한 원칙이나 규칙을 따른다는 의미이다. 새로운 지식을 얻을 때 정해놓은 규칙이나 원칙 혹은 절차를 따르지 않는다면 아무리 새로운 지식을 얻었다 해도 이 지식을 과학적 지식이라고 하지 않는다는 것이다. 지식은 어떠한 방법 혹은 수단으로 획득되었느냐에 따라 그 지식적 내용이 달라질 수 있기 때문에 지식과 지식을 얻는 방법은 동전의 양면과 같이 긴밀한 연관성을 지니고 있다. 만일 지식을 얻는데 사용된 방법이 일정한 규칙이나 원칙을 지키지 않는다면 그 방법으로 얻은 지식은 사용된 규칙의 성격에 따라 달라질 수밖에 없다. 또한, 정해진 규칙과 원칙이 없기 때문에 반복적인 방법을 사용해서 동일한 지식을 얻을 수 없다. 과학적 지식은 시도 때도 없이 바뀌는 가변적 지식이 아니라 같은 규칙을 반복적으로 사용하면 같은 내용을 반복해서 얻을 수 있는 지속적 지식이라고 할 수 있다. 과학적 지식이 이러한 특성을 지니는 까닭은 과학이 체계적이라는 특성을 지니고 있기 때문이라고 할 수 있다.

세 번째는 공개적(public)이어야 한다는 원칙이다. 과학으로 얻은 지식이 완벽한 지식이 되기 위해서는 모든 사람이 알 수 있도록 이 지식을 얻는 데 사용된 원칙과 과정 및 절차를 공개하여야 한다. 과학적 지식을 탐구하는 연구자들은 논문이라는 형태로 자신들이 찾은 지식을 공개하는 것이 보통인데 이는 이 원칙을 지키기 위함이라고 할 수 있다. 공개를 할 때는 새로운 지식을 얻으려고 수행했던 모든 과정, 즉 고민했던 생각, 객관적이고 체계적이었던 절차 등 하나도 빠짐없이 모두 보고하여야 한다.

마지막으로 자기 수정적(self-corrective)이어야 한다는 원칙이다. 자기 수정적이란 우리 말의 표현이 어렵게 보이지만 사실은 매우 이해하기 쉬운 원칙이다. 공개를 통하여 모든 사람들에게 새로운 지식을 이해시킨 후, 어떤 사람들은 그 지식에 대해 여러 가지 문제점을 제기할 수 있고 또한 완벽한 지식은 존재할 수 없기 때문에 지식에 대한 문제점들이 제기되는 것이 일반적이다. 문제점이 제기되면 이를 해결하기 위해 새로운 연구가 촉발되고 이를 통해서 기존의 지식이 보완되는 과정을 거친다. 이와 같이 과학적 지식은 끊임없이 수정되고 보완될 수 있어야 한다는 원칙이다. 과학적 지식은 자기 수정적인 특성을 지니고 있기 때문에 과학적 지식이 축적되면 될수록 더욱더 많은 연구거리가 발생하는 것이다.

과학적 방법에 대한 지식이 없는 사람들이라면 과학이 고수하는 이 원칙들을 금방 이해하기가 쉽지는 않을 것이다. 과학적 방법을 배운다는 것은 다른 말로 표현하면 이 원칙을 지키기 위한 원리와 절차를 배우는 것이라고 할 수 있다. 다음에서는 과학이라는 말 앞에 자주 등장하는 사회(현상)라는 수식어에 대해 알아보기로 보자.

핵심개념 과학, 과학의 네 원칙, 객관적, 체계적, 공개적, 자기 수정적

3. 사회현상이란 무엇인가

사회라는 말은 두 사람 이상이 존재하는 공간을 뜻한다. 아무도 없고 나 혼자만 있는 공간이라면 내가 존재하는 곳은 사회가 아닌 것이다. 그러니까, 로빈슨 크루소만이 홀로 살던 무인도라는 공간은 사회가 아니었다는 말이다. 사회에서 두 사람 이상이 함께 어울려 살다보면 예기치 않은 여러 가지 일들이 일어나기 마련이다. 사회라는 공간에서 사람 사이에 일어나는 이러한 여러 일들을 사회현상이라고 부른다. 오늘날의 사회는 두 사람만으로 한정되지 않고 셀 수도 없을 정도로 무수히 많은 사람들로 이루어져 있음은 우리가 목격하고 있는 바이다. 너무나도 많은 사람들이 같은 공간에 살고 있기 때문에 이들이 일으키는 일들인 사회현상도 매우 복잡다단하다. 이와 같이 사회현상은 다양하고 복잡하기 때문에 사회는 우리가 알아야 할 새로운 지식을 끊임없이 생산하는 공간이라고 할 수 있다. 그만큼 우리가

발견해야 할 새로운 지식이 많은 곳이 바로 사회라는 것이다.

비록 사회현상은 다양하고 복잡하지만, 모든 사회현상들은 크게 보면 사람들의 행동과 사람들 간의 관계(즉, 인간관계)라는 두 가지 요소로 구성되어 있다. 사람들이 행동하고 사람들이 다양한 인간관계를 맺기 때문에 이들로부터 다양하고 복잡한 여러 가지 일들이 사회라는 공간에서 발생하게 된다. 텔레비전을 보거나, 인터넷에 악플을 달거나, 신문을 읽는 일은 사람들이 행하는 행동들로 구성된 사회현상의 예이며 사람들이 서로 대화를 나누거나 SNS를 하거나 데이트를 하는 일들은 인간관계와 연관된 사회현상들이라고 할 수 있다. 사람들의 행동과 인간관계가 사회현상의 토대라는 점을 감안할 때 사회 혹은 사회현상에 대한 연구는 사람들의 행동과 인간관계에 대한 지식을 파악하고 이해하려는 노력이라고 할 수 있다. 이제 지금까지 논의한 내용들을 바탕으로 사회과학 연구가 무엇인지를 알아보기로 하자.

핵심개념 사회, 사회현상

4. 사회과학 연구란 무엇인가

사회과학 연구는 연구의 한 장르에 불과하다. 새로운 지식을 얻는 연구는 어떠한 분야의 지식을 얻으려고 하느냐에 따라 연구 앞에 붙는 수식어가 달라진다. 이를테면, 자연분야의 지식을 얻으려는 연구는 자연과학 연구라 하고, 사회분야의 지식을 축적시키려는 연구는 사회과학 연구라고 하는 식이다.

그렇다면, 사회과학 연구란 구체적으로 무엇을 의미하는가? 사회과학 연구는 사회과학이라는 용어와 연구라는 용어가 합쳐진 말이며 사회과학이라는 용어는 사회라는 말과 과학이라는 말의 합성어로 이루어진 말이다. 줄여서 말하면, 사회과학 연구는 사회, 과학 그리고 연구라는 용어의 합성어인 것이다. 앞에서 이미 이들 세 개념에 대해 자세히 설명했기 때문에 이제 사회과학 연구라는 말을 쉽게 이해할 수 있다.

사회과학의 사회라는 말은 새로운 지식들이 널려 있는 연구의 탐구대상과 연관되어 있는 반면에, 과학이라는 말은 탐구대상에 관한 새로운 지식을 얻기 위한 방법이나 수단을 뜻하며 연구는 새로운 지식을 추구하는 과정을 의미한다는 것은 이미 설명한 바와 같다. 따라서 사회과학 연구란 사회라는 공간에서 일어나는 사회현상과 관련된 새로운 지식을 과학적 방법으로 얻는 일 혹은 과정이라고 정의내릴 수 있다. 다르게 표현한다면, 사람들의 행동과 인간관계로부터 발생하는 여러 가지 일들(즉, 사회현상)과 연관된 새로운 지식을 과학이라는 수단이나 방법으로 얻는 일 혹은 과정이 바로 사회과학 연구라고 할 수 있다.

자, 이제 보다 더 분명하게 이해하기 위해, 사회과학 연구의 예를 들어보자. 철수는 같은 과 학생들과 함께 어울려서 지내다 다음과 같은 일을 경험했다고 하자. 남학생들이 여학생들에게는 정중하게 부탁하는 데 반하여, 같은 성별의 남학생들에게는 예의를 차리지 않고 부탁하는 것을 자주 보았다. 이와 같이 사람들의 부탁행동을 보고, 실제 사회에서도 동성보다는 이성에게 부탁할 땐 더욱 공손하게 부탁하는지를 철수는 알고 싶었다. 이와 연관된 기존 지식이 존재하는지를 알아본 결과 요청상황에서 동성 여부와 공손의 관계에 대하여 밝혀진 지식이 없다는 것을 확인하였다. 그래서 철수는 이 문제에 대한 답(지식)을 얻고 싶어서 과학적 방법을 이용하여 새로운 지식을 탐구하였다면, 철수의 이러한 작업은 사회과학 연구라고 할 수 있다. 왜냐하면 이 지식은 사람들의 대화행동에서 비롯된 사회현상과 연관된 지식이고 기존에는 알지 못했던 새로운 지식인 동시에 이 지식의 탐구를 위하여 과학적 방법을 사용했기 때문이다.

핵심개념 사회과학 연구

5. 연구아이디어와 사회과학 연구의 유형

연구의 핵심인 창의적 아이디어를 어떤 방식으로 찾았느냐에 따라 연구는 크게 두 가지 유형으로 나눌 수 있다. 하나는 어떤 사회현상의 새로운 이론을 발견하거나 기존이론을 수정하고 보완하려는 연구로서 이론과 관련된 창의적 아이디어를 담고 있는 이론연구가 있다. 이론이란 사회현상을 설명하는 논리 혹은 틀이라고 할 수 있다. 구체적으로 이론이 무엇인지는 다음 장에서 심도있게 다루기로 하고 여기서는 이 정도만 이야기하자. 사회현상을 설명하는 논리인 이론은 얼마나 유용성이 있느냐에 따라 좋은 이론과 나쁜 이론으로 구분한다. 이를 테면, 다양한 사회현상에 적용되거나 활용가치가 높은 이론이라면 유용성이 높은 좋은 이론이라고 할 수 있다. 연구자로서 좋은 이론을 찾아내는 것은 어쩌면 하나의 꿈이라고 할 수 있다. 평생에 걸쳐 좋은 이론을 그래서 널리 활용되는 이론을 하나만 발견했더라도 그 연구자는 충분히 존중받을 가치가 있는 연구자라고 할 수 있다. 불행하게도 우리는 우리 사회의 커뮤니케이션 현상에 대한 이론이 매우 미미한 수준이라고 할 수 있다. 사회현상은 사회적 혹은 문화적 가치에 따라 나라마다 많은 상이점을 보인다는 점을 감안할 때 안타까운 일이다. 이 책을 통해 우리의 후학들이 이론을 찾는 방법을 잘 배워서 우리 사회현상에 대한 많은 좋은 이론을 발견했으면 한다.

다른 하나는 기존 연구의 방법론적 문제점이나 한계를 찾아내고 이로부터 연구의 창의적 아이디어를 발견하는 방법론연구가 있다. 보통 방법론연구는 기존 연구가 사용했던 방법론이 지니고 있는 미흡한 문제점을 보완함으로써 기존 연구가 발견한 새로운 지식을 보다 더 완벽하게 확증하려는 연구목적을 지닌다. 방법론의 문제점을 찾는 요령은 기본적으로 방법론에 대한 지식이 풍부해야 하며 기존연구 논문을 읽으면서 그 연구들의 문제점을 찾는 연습을 꾸준히 해야 습득할 수 있다. 이 책의 두 번째 장부터 이론연구와 방법론연구에 대해 자세히 설명할 것이다. 이를 통해 연구의 창의적 아이디어를 발견하는 요령을 잘 배워서 이 책을 읽는 독자 모두가 멋진 연구를 수행하는 유능한 학자가 되었으면 하는 바람이다.

핵심개념 이론연구, 방법론연구

☙ 생각해 볼 문제 ❧

1. 연구란 무엇인가.

2. 사회과학 연구란 무엇인가.

3. 사회현상이란 무엇이며 그 예들을 들어보자.

4. 연구에서 가장 중요한 점은 무엇인가?

5. 새로운 지식을 얻는 연구의 절차와 과정은 무엇인가? 실제 논문을 읽고 분석해 보자.

6. 연구에는 반드시 창의적 아이디어가 있어야 한다고 설명하였다. 실제 논문을 읽고 창의적 아이디어가 무엇인지를 찾아보고, 이 아이디어의 가치를 평가해보자.

7. 아이디어 관점에서 연구가 아닌 연구를 찾아보자.

Chapter 2

이론연구와 연구아이디어

지금부터 본격적으로 연구의 핵심인 창의적 연구아이디어를 찾는 방법을 설명하려고 한다. 연구에 스며 있는 창의적 아이디어를 찾는 요령은 연구의 유형에 따라 달라진다. 이 장에서는 이론연구의 아이디어를 찾는 요령을 말하고자 한다. 이 요령을 이해하려면 먼저 이론이 무엇인지에 대해 파악하는 것이 필요하다. 이론에 대해 살펴본 후, 이론연구의 아이디어를 얻는 요령을 낱낱이 파헤쳐 보자. 이 장을 공부하고 나면 다음과 같은 내용을 이해할 수 있을 것이다.

- 이론이란 무엇인가
- 이론의 구성요소로서 개념과 명제
- 이론의 구축과정
- 실전을 통해 본 이론 구축과정과 연구아이디어
- 기존이론 보완의 요령
- 실전을 통해 본 기존이론 보완의 요령과 연구아이디어

1. 이론연구와 이론은 무엇인가

이론연구란 사회현상에 대한 새로운 이론을 만들거나 혹은 기존 이론을 확장하거나 보완하는 연구를 말한다. 한마디로 이야기하면, 이론을 정조준하고 있는 연구가 곧 이론연구라고 할 수 있다. 이론연구가 이론에 초점을 맞추는 연구라는 점에서 이론연구의 아이디어를 찾는 방법을 터득하기 위해서는 이론이 무엇인지를 완벽하게 이해하여야 한다. 그럼, 도대체 이론이란 무엇일까? 지금부터 이론에 대한 이야기를 시작해 보자.

이론은 사회현상을 설명하기 위한 논리나 틀이라고 정의할 수 있다. 이 정의는 두 가지 함의를 지닌다. 하나는 이론이 되기 위하여 논리가 있어야 한다는 것이다. 논리란 합리적이고 타당한 근거나 이유를 의미한다. 예를 들면, 사람인 소크라테스는 죽는다라는 주장의 근거로 모든 사람은 죽기 때문이다라고 제시한다면 이는 사람인 소크라테스가 죽는다는 합리적인 근거 혹은 이유로 볼 수 있으므로 훌륭한 논리라고 할 수 있다. 다른 예를 하나 더 들어보자. 세 명의 친구가 있다고 하자. 누군가가 세 친구 중 한 친구를 칭찬할 때, 다른 한 친구는 그 말을 듣고 자신의 체면이 말이 아니다(즉, 자존심이 상한다)라고 생각한 반면에 나머지 다른 친구는 그 칭찬의 말이 자신의 체면에 아무런 영향을 미치지 않는다(즉, 자신의 자존심이 전혀 상하지 않았다)라고 느끼는 사회현상이 일어나곤 한다. 왜 이런 일이 일어날까? 칭찬을 받는 사람과 경쟁적 관계에 있는 사람은 칭찬의 말에 간접적으로 자신의 자존심에 상처를 받는 반면에, 칭찬을 받는 사람과 비경쟁적 관계에 있는 사람은 칭찬의 말에 전혀 자존심에 상처를 받지 않기 때문이라고 이 사회현상에 대한 이유를 제시했을 때 이 이유를 타당하고 합리적인 근거로 볼 수 있다면 이 이유는 논리라고 할 수 있다.

둘째, 이론은 사회현상을 설명할 수 있어야 한다. 설명한다는 것은 이유를 밝히고 서술하는 것을 의미이기 때문에, 사회현상을 설명하는 것은 사회현상이 발생하는 이유를 밝히고 서술한다는 것을 뜻한다. 따라서 사회현상을 설명하기 위한 논리란 말은 사회현상이 왜 발생하는지에 대한 이유를 설득력있게 서술해주는 근거 혹은 근거들이라고 풀어서 말할 수 있다. 이런 점에서 특정한 사회현상이 왜 일어나는지에 대한 이유를 합리적으로 설명해주는 어떤 지식이 있다면, 우리는 그 지식을 특정한 사회현상을 설명해주는 이론이라고 부를 수 있다. 예를 들면, 사람들이 어떻게 배우는가를 설명해 주는 합리적인 이유들에 관한 지식이 있다면 우리는 그 지식을 학습이론이라고 이름지을 수 있을 것이다.

보통 이론은 여러 개의 명제들로 구성되며, 또한 명제는 여러 개의 개념들로 구성된다. 이론의 하위 구성요소가 명제이고 명제의 하위 구성요소가 개념이란 말이다. 비유적으로 표현하면, 명제는 이론의 자식뻘이고 개념은 이론의 손자뻘쯤 된다고 보면 된다. 그래서 이론의 구성요소인 개념과 명제를 완벽하게 이해하지 못하면 이론을 완벽하게 이해할 수 없다. 보다 더 이론을 확실하게 이해하기 위해 개념과 명제가 무엇인지를 살펴보자.

(1) 개념이란 무엇인가

이론의 하위 구성요소인 개념을 영어로 concept라고 하지 않고, construct라고 한다. construct라는 뜻은 사전을 찾아보면 쉽게 알겠지만 우리말로 '만들다 혹은 짓다'라는 의미를 지닌다. 사회과학에서 개념이란 연구자가 연구를 하기 위해 만든 혹은 지은 용어이기 때문에 영어권 학자들은 개념을 construct라고 부르는 것이 아닌가 추정된다.

이런 관점에서 개념을 정의해 보면, 개념이란 연구자가 연구를 하기 위해 사회현상에 이름을 붙인 용어라고 할 수 있다. 앞에서 설명한 바와 같이, 사회현상은 사람들이 모여 있는 공간인 사회에서 실제로 사람들이 수행하는 행동이나 경험이다. 사회현상은 사람들의 행동으로부터 발생하는 것이기 때문에 우리가 보고 들을 수 있는 사회적 현실이다. 따라서 사회현상은 우리가 경험할 수 있고 실제로 그 존재를 증명할 수 있는 사실 혹은 실제로 일어난 일들이다. 연구자들은 우리가 경험할 수 있는 이러한 사실들을 관찰하고 이러한 사실들에 대해 관심과 흥미를 갖게 되거나 사회적으로 중요하다고 판단하면 이 사실들에 대한 새로운 지식을 연구라는 이름으로 이해하려고 시도한다.

사회현실을 연구할 때, 연구자들이 제일 먼저 하는 일이 연구하고자 하는 사회현실, 즉 사회현상에 이름을 붙이는 작업이다. 이름이 없으면 그 사회현실은 실제로 존재하지만 관념과 사유(생각)의 측면에서는 존재하지 않기 때문에 그 사회현실 자체를 연구하는 것이 불가능하다. 비유적으로 표현하면, 아기가 태어났을 때 아기에게 이름을 짓고 출생신고를 하지 않으면 그 아기는 이 세상에 존재하지만 사람들 사이에서는 존재하지 않는 유령인간이 되는 것과 같은 이치이다. 사회현상 혹은 사회현실에 이름을 붙임으로써 드디어 개념이 연구자들의 연구대상이나 탐구대상이 될 가능성이 높아진다.

예를 들어 개념의 탄생과정을 설명해 보자. 연구자가 뉴스나 소식을 제공해 주는 수단인 신문에 관심이 있다고 가정하자. 그 후 자연스럽게 그 연구자는 신문뿐만 아니라 이메일, 방송, SNS, 잡지 등도 뉴스나 소식을 전해주는 기능을 수행한다는 것을 관찰하게 된다. 이들 사회현상이 유사한 사회현상이라고 느낀 연구자가 이들 사회현상을 연구하려면 제일 먼저 이 사회현상들을 대표할 수 있는 이름을 지어야 한다. 그래서 이 연구자가 이들 사회현상을 매체라고 이름지었다면 드디어 매체라는 개념이 연구의 세계에 발을 들여놓게 되는 것이다. 개념의 이름은 특정한 사회현상이 아니라 유사한 사회현상 모두를 포함시킬 수 있는 이름이어야 하기 때문에 사회현상을 표현하는 말보다 훨씬 더 추상적인 표현일 수밖에 없다. 적용범위가 넓을수록 표현이나 용어는 더욱더 추상적이 되며 이러한 추상화의 특성 때문에 개념의 이름이 추상적일수록 그 개념에 속하는 사회현상들이 늘어나게 됨으로써 일반화 가능성이 더욱 증가한다고 할 수 있다. 메시지, 정보원, 효과, 매력, 공신력 등 모두는 연구대상이 되는 또 다른 개념들의 예들이다.

1) 개념화와 개념적 정의

이름을 부여해서 개념이 만들어지면, 그 다음 연구자들이 하는 작업은 그 개념에 대해 정의를 내리는 일이다. 개념의 정의를 개념적 정의(conceptual definition)라고 일컫는다. 그리고 사회현상에 이름을 지은 후, 그 이름(즉, 개념)에 개념적 정의를 내리는 과정을 개념화(conceptualization)라고 한다. 다시 말하면 개념화는 사회현상에 이름을 부여함으로써 개념을 출현시키는 과정(즉, 개념의 이름짓기 과정)과 그 개념의 개념적 정의를 내리는 두 과정을 합쳐서 부르는 용어다. 예를 들어, 자신의 체면에 예민한 사람들도 있고 자신의 체면이 구겨지든 망가지든 별로 개의치 않는 체면에 둔감한 사람도 있다는 것을 사회현상으로 관찰했다고 하자. 이 때 사람들의 이러한 속성을 체면민감도라고 이름짓고 이를 사람들이 자신의 체면에 예민하게 반응하는 정도로 정의했다면 우리가 관찰한 사회현상을 개념화했다고 말한다. 보통, 연구자가 기존에 연구되지 아니한 특정한 사회현상에 관심을 갖고 연구를 시작하려고 할 때 제일 먼저 해야 할 일이 개념화라는 작업이다.

사회현상에 이름을 부여함으로써 개념을 탄생시키는 과정은 비교적 쉬운 과정이다. 특정한 사회현상을 보고 그 사회현상의 특성을 나타내는 적합한 용어를 찾아서 그 사회현상의 이름으로 삼으면 되기 때문이다. 그러나 개념화의 두 번째 과정인 개념의 '개념적 정의'를 내리는 과정은 매우 어려운 작업 중 하나라고 할 수 있다. 특정한 개념의 개념적 정의를 내리는 요령은 이론연구의 아이디어를 찾는 방법을 배우기 위해서 반드시 알아야 한다. 그리고 개념적 정의를 내리는 요령을 숙달하기 위해 먼저 '개념적 정의에 대한 개념적 정의'를 이해할 필요가 있다.

개념적 정의란 '개념에 속하는 사회현상들이 존재하거나 발생하기 위한 공통 조건들 혹은 필요하고도 충분한 조건들의 나열'이라고 정의할 수 있다. 이 정의가 내포하고 있는 의미가 무엇인지를 좀 더 쉽게 파헤쳐보자. 개념의 개념적 정의는 개념을 이해시키고 서술하기 위한 역할을 수행한다. 다시 말하면, 개념은 연구할 사회현상 혹은 사회현실에 이름을 붙인 것이기 때문에 개념적 정의는 그 개념이 이러한 사회현상을 포함하며 대표하고 있다는 것을 이야기해 주는 수단이라고 할 수 있다. 그러니까, 개념적 정의를 통해 개념을 파생시킨 혹은 탄생시킨 사회현실 혹은 사회현상이 무엇인지를 알 수 있어야 한다는 말이다.

개념에 속하는 사회현상은 하나가 아니라 무수히 많다는 것은 위에서 지적한 바와 같다. 따라서 개념적 정의는 개념에 속하는 모든 사회현상들이 개념에 포함될 수 있도록 서술되어야 한다. 이러한 개념적 정의를 만드는 요령은 개념에 속하는 사회현상들이 지니고 있는 공통점 혹은 공통조건들을 찾고 이 조건들을 나열하는 것이다. 개념적 정의를 내리는 이 요령은 세 단계로 이루어진다는 것을 함의한다. 첫 번째 단계는 개념에 속하는 사회현상들을 최대한 많이 찾아서 열거해 보는 것이다. 이들 사회현상들이 개념적 정의에 모두 포함되어야 하기 때문이다. 두 번째 단계는 개념에 속하는 사회현상과는 유사하지만 개념에 속하지 않는 사회현상들을 찾아서 나열해 보는 것이다. 이 작업은 마지막 단계인 공통점 혹은 공통 조건을 찾는 데 도움을 주기 때문이다. 마지막 단계는 개념에 속하는 사회현상들이 지니고 있는 공통점이나 공통조건들을 찾는 단계이다. 첫 번째 그리고 두 번째 단계에서 찾은 사회현상들을 천천히 살펴보면서 이를 힌트삼아서 공통조건들을 발견해 내는 것이 최선이다.

매체라는 개념의 예를 이용하여 개념적 정의를 찾는 과정을 다시 설명해 보자. 매체에 속하는 사회현상들을 찾아서 열거하는 것이 첫 번째 단계이다. 이에 따라 신문, 텔레비전, 잡지, 이메일, SNS, 휴대폰 등의 사회현상들이 매체에 속한다는 것을 파악해 둔다. 두 번째 단계에서는 오디오, 언어, 말, 공기 같은 사회현상은 매체에 속하지 않는다는 것을 열거해 둔다. 이런 절차가 끝나면, 매체라는 개념에 속하는 사회현실의 예들을 보면서 이들 사례들의 공통점이 무엇인지를 찾아본다. 이 공통점이 바로 이 사회현상들이 존재하기 위한 일종의 조건들이라고 할 수 있다. 사실, 제시된 예들의 공통점 혹은 공통특성 혹은 존재조건을 찾는 일은 기존 개념들에 대한 많은 지식과 개념적 정의를 내려 본 풍부한 경험이 없으면 결코 쉬운 작업이 아니다. 공통조건들을 찾았다면, 이 공통조건들이 매체라는 사회현상에 속하지 않는 사례들에게는 적용되지 않는 조건들인지를 확인하고 점검함으로써 최종적인 공통조건들을 찾고 이를 토대로 개념적 정의를 내리면 된다. 한마디로 말하면, 개념에 속하는 예들과 속하지 않는 예들의 공통점과 차이점을 구분해 내려고 심사숙고하는 중에 개념적 정의에 필요한 존재조건들을 발견하는 경우가 많다. 공통조건들을 찾는 능력은 순전히 개인적 능력과 경험에 달려 있다. 이러한 절차에 따라 심사숙고한 후 (1) 메시지를 전달하는 수단이라는 점, (2) 기계적 장치를 이용하고 있다는 공통점을 찾았다고 하자. 공통조건들을 찾은 후에는 말이 잘 되도록 이 조건들을 매끄럽게 연결하면 바로 개념적 정의가 완성되는 것이다. 따라서 매체란 '메시지를 전달하는 기계적 장치'라고 정의내릴 수 있다. 지금까지 설명한 내용을 통해 개념적 정의라는 개념의 개념적 정의에 대해 완전히 이해했으면 한다. 이해가 안 되었다면, 반복해서 다시 읽어보시라.

2) 개념의 특성

이제 개념의 개념적 정의에 대한 실체를 알았으니까, 개념의 특성에 대해 생각해 보자. 개념은 개념에 포함되는 사회현상이 어디까지이냐에 따라 개념적 정의가 달라진다는 것이 첫 번째 특성이다. 개념적 정의가 개념에 속하는 사회현상들이 존재하기 위한 공통조건들이므로 개념에 속하는 사회현상을 다르게 보면 개념적 정의도 달라질 수밖에 없기 때문이다. A라는 연구자는 매체에 포함하는 사회현상의 사례로서 신문, 인터넷, 텔레비전 등은 포함시키고 공기나 언어는 배제하고 싶은 반면에, B라는 연구자는 신문, 인터넷 등은 물론 공기나 언어도 매체에 포함시키고 싶다면 A와 B의 매체에 대한 개념적 정의는 당연히 다르게 내려질 것이다. 구체적으로 보면, A는 매체란 메시지를 전달하는 기계적 장치로 정의하는 반면에, B는 메시지를 전달하는 기계적 장치 혹은 물리적 수단으로 정의할 것으로 예상된다. 같은 개념에 대해 연구자들이 다르게 개념적 정의를 내린다면 이는 연구자들이 이 개념에 속하는 사회현실 혹은 사회현상을 서로 다르게 보고 있다는 것을 의미한다.

저자가 대학에 입학해서 처음 수업을 들었을 때 교수가 이 개념에 대한 이 사람의 정의는 이렇고 저 사람의 정의는 저렇고 하며 같은 개념에 대해 수많은 학자들의 개념적 정의를 소개했던 일이 기억난다. 그 때 도대체 왜 같은 개념을 다르게 정의해서 시험공부할 때 얼마나 힘들었던지 짜증이 잔뜩 난 적이 많았다. 지금와서 돌이켜보면, 같은 개념에 다양한 개념적 정의가 존재했던 까닭은 각 연구자들이 같은 개념에 속하는 사회현상을 서로 다르게 보고 있기 때문이었다. 그 때 이 사실을 알았더라면 개념적 정의에 대한 시험공부를 훨씬 쉽게 했을 텐데 말이다. 연구자들이 같은 용어의 개념을 다르게 정의한다는 것은 사실 같은 용어만 사용했을 뿐이지 실제로는 개념을 서로 다르게 보고 있다는 것을 의미한다. 이제 더 이상 독자들은 같은 용어의 개념에 대해 다양한 개념적 정의를 배우면서 혼란스러워 하지 않았으면 한다. 역으로, 각 개념의 정의를 이해할 때 각 개념적 정의가 포함하고 있는 사회현상의 사례들을 살펴봄으로써 다양한 개념적 정의의 혼란을 피할 수 있기 때문이다. 개념적 정의를 이해할 땐 반드시 그 개념이 포함하고 있는 사회현상의 사례들과 그 개념이 포함시키고 있지 않는 유사 사회현상의 사례들이 무엇인지를 파악하는 일이 매우 중요하다. 신문, 텔레비전, 인터넷만을 포함하는 매체의 개념적 정의는 이렇고, 신문, 인터넷 등은 물론 언어, 공기를 포함하는 매체의 개념적 정의는 저렇고 하는 식으로 말이다. 꼭 잊지 않길 바란다. 개념을 이해할 때에는 사회현상의 사례와 이들 사례들의 공통점이 존재하는 조건을 함께 기억하면 쉽게 공부할 수 있다는 사실을 말이다.

두 번째 특성은 개념적 정의를 이해하는 요령에 대한 것이다. 이 특성은 개념적 정의는 개념에 속하는 사회현상의 사례들이 존재하기 위한 조건들의 나열이라는 점에서 파생한다. 개념적 정의는 조건들의 나열이기 때문에 개념적 정의를 이해할 땐 나열된 조건들을 하나씩 따로 구분해서 파악하는 것이 좋다. 조건들을 모두 한꺼번에 열거한 개념적 정의를 통째로 이해하려면 무척 어렵다. 예를 들어, 커뮤니케이션을 '정보원이 채널을 통해서 수용자에게 메시지를 의도적으로 전달하는 과정'이라고 정의하였다고 하자. 이 때, 여기서 제시된 개념적 정의를 통째로 하나로 보고 커뮤니케이션이라는 개념을 이해하려면 결코 쉽지 않다. 오히려, 개념적 정의는 사회현상들이 존재하기 위한 조건들의 나열이기 때문에 이 개념적 정의를 이용하여 조건들을 하나씩 구분하여 이해하는 것이 좋은 요령이라는 것이다. 여기서 제시된 커뮤니케이션의 개념적 정의를 조건들을 구분해 보면, (1) 정보원이 있어야 한다, (2) 채널이 있어야 한다, (3) 메시지가 있어야 한다, (4) 수용자가 있어야 한다, (5) 의도적으로 전달하여야 한다는 것이다. 이들 다섯 가지 조건을 충족시키는 사회현상이 커뮤니케이션이라는 현상임을 이 개념적 정의는 강조하고 있는 것이라고 할 수 있다. 이 정의에 따르면, 어떤 사회현상이 커뮤니케이션이고 어떤 사회현상이 커뮤니케이션이 아닌지를 이 다섯 가지 조건을 따지면서 독자 여러분 스스로 판단해 보시기 바란다.

세 번째 특성은 개념은 사회현상을 추상화시킨 것이라는 특성이다. 추상화란 보이지 않거나 혹은 너무나 많이 있음을 의미한다. 개념은 사회현상에 의하여 탄생하지만, 개념에 속하는 사회현상의 사례들을 개념에 모두 포함되도록 개념적 정의를 내리기 때문에 사회현상이 개념에 의하여 재탄생함으로써 개념과 사회현상은 순환고리의 관계를 지닌다. 개념에 대한 개념적 정의를 마무리한 순간부터, 같은 특성이나 공통점을 지니는 수많은 사회현실(사례들)이 개념이라는 한 울타리 속에 묶이게 된다. 이와 같이, 개념은 무수히 많은 사회현상의 사례들을 포함하고 있다는 점에서 사회현상을 추상화시킨 것이라고 할 수 있다. 예를 들어 보자. 신문, 텔레비전, 인터넷 등의 사회현상을 보고 매체라는 용어로 이름지은 후, 이들의 공통 특성을 파악하여 매체라는 개념을 '메시지를 전달하는 기계적 장치'로 개념적 정의를 내렸다고 하자. 매체의 개념적 정의가 마무리되면, 이 정의를 충족하는 모든 사회현상의 사례들은 매체로 간주된다. 이를 테면, 잡지, 전자우편, SNS, 휴대폰, 메신저, 문자메시지, 모르스부호 등이 모두 메시지를 전달하는 것이라는 조건과 기계적 장치라는 조건이라는 이 개념적 정의의 조건을 충족시키기 때문에 매체에 속하는 사회현상임을 알게 된다. 몇몇 사례들을 관찰하여 매체라는 개념을 탄생시켰지만, 일단 매체라는 개념이 출현하게 되면 매체라는 개념에 의하여 다시 수많은 사례들이 매체라는 것을 이해하게 된다. 이런 의미에서, 사회현상이 매체에 의하여 다시 탄생한다고 할 수 있다. 사회현실로부터 개념을 추상화시킴으로써 개념적 정의의 조건을 충족시키는 수많은 사회현실들이 모두 그 개념에 속하게 되는 것이다. 이와 같이, 개념은 관련있는 수많은 사회현실들이 모두 포함될 수 있도록 추상화된 용어이자 이들 사회현실을 일반화시킨 용어라고 할 수 있다. 그래서 개념이 없다면, 관련있는 사회현실을 개별적으로 따로 하나씩 연구해야 하는 비효율성을 감수해야 했을 것이다. 개념은 추상화라는 기법을 이용하여 사회현실과 사회현상을 일반화시킴으로써 연구의 효율성을 높이는 중요한 역할을 수행한다고 할 수 있다.

핵심개념 이론, 개념, 개념화, 개념적 정의, 사회현실, 사회현상, 추상화

(2) 명제란 무엇인가

명제는 개념들 간의 관계를 추정하는 진술문으로 정의된다. 앞서 지적한 바와 같이, 명제의 개념적 정의에 나타난 조건들과 명제에 속하는 사례들을 살펴봄으로써 이 개념적 정의에 나타난 함축적 의미를 알아보기로 하자. 이 개념적 정의가 제시하는 조건은 (1) 두 개 이상의 개념이 있어야 한다, (2) 관계가 명시되어야 한다, (3) 사실로 단정한 것이 아니라 추정한 것이어야 한다, (4) 문장으로 표현한 진술문이어야 한다는 네 조건이다. 각 조건을 하나씩 검토해 보면서 명제를 이해해 보자.

첫째, 명제에는 적어도 두 개 이상의 개념이 있어야 한다. 두 개 이상의 개념이 없다면 명제라고 할 수 없다는 것이다. 이 조건은 명제의 기본 구성요소가 개념이라는 것을 의미한다. 다시 말하면, 개념들이 모여서 명제를 만든다는 것이다. 이런 점에서 명제는 개념의 상위에 놓여 있는 개념이라고 할 수 있다. 명제를 구성하는 개념의 개수의 관점에서 가장 간단한 명제는 개념이 두 개만 나오는 명제이다. 세 개 이상의 개념들로 구성된 명제도 물론 존재할 수 있다.

둘째, 명제에는 개념들 간의 관계가 명시되어야 한다는 조건이다. 관계란 하나의 개념이 변화할 때 다른 개념 혹은 개념들도 변화하는 것을 의미한다. 만일 어떤

개념이 변화함에도 불구하고 다른 개념(들)이 변화하지 않거나 규칙성 없이(즉, 다른 변인들이 증가하기도 하고 감소하기도 하면서 제멋대로) 변화하면 이들 개념들은 관계가 없다고 할 수 있다.

개념들 간의 관계는 보통 두 측면에서 명기된다. 한 기준은 변화의 방향성 기준이다. 두 개념이 같은 변화의 방향성을 가질 때 긍정적 관계라고 말한다. 반면에, 두 개념이 상반되는 변화의 방향성을 가질 때 부정적 관계라고 한다. A와 B라는 두 개념이 등장하는 가장 간단한 명제를 생각해 보자. 개념 A가 증가(혹은 감소)할 때 개념 B도 증가(혹은 감소)하면 두 개념은 같은 변화의 방향성을 지니기 때문에 긍정적 관계에 있다고 하는 반면에, 개념 A가 증가(혹은 감소)할 때 개념 B는 감소(혹은 증가)하면 두 개념은 부정적 관계에 있다고 한다.

두 번째 기준은 변화의 원인이 되는 개념이 있느냐의 여부이다. 두 개념 중 원인이 되는 개념이 명확하지 않다면 두 개념은 상관관계에 있다고 한다. 다시 말하면, 상관관계는 개념 A가 변화할 때 개념 B도 변화하지만 개념 A가 변화의 원인인지 혹은 개념 B가 변화의 원인인지 알 수 없는 관계를 말한다. 그냥 두 개념이 함께 변화하는 공변화가 존재하는 관계를 의미한다. 예들 들면, 친밀성과 대화의 양이라는 두 개념은 상관관계를 지닌다고 할 수 있다. 왜냐하면 친하면 대화를 많이 하는 것과 대화를 많이 하면 친해지는 것이 모두 가능하므로 어떤 개념이 원인인지를 판단할 수 없기 때문이다.

반면에, 두 개념 중 원인이 되는 개념이 있다면, 두 개념은 인과관계에 있다고 한다. 즉, 인과관계는 한 개념이 원인이 되고 다른 개념은 결과가 되는 관계를 말한다. 두 개념 사이에 인과관계가 존재하기 위하여 세 가지 요건이 충족되어야 한다. 하나는 두 개념이 공변화의 관계에 있어야 한다는 요건이다. 즉, 한 개념이 바뀌면 다른 개념도 변화하여야 한다는 것이다. 두 번째 요건은 두 개념의 변화에는 시간적 선후관계가 있어야 한다는 것이다. 한 개념이 시간적으로 먼저 변화하고 난 후, 다른 개념이 변화해야 한다는 요건을 의미한다. 즉, 두 개념이 순차적으로 변화가 발생하여야 한다는 것이다. 마지막으로 두 개념의 공변화가 거짓효과가 아니어야 한다는 요건이다. 거짓효과가 발생할 수 있는 이유는 다양할 수 있지만, 연구할 때 거짓효과가 발생하는 흔한 이유는 크게 두 가지 경우이다. 하나는 제3의 개념이 두 개념 A와 B의 변화를 야기하는 원인이 되는 경우이다. 예들 들면, 타지역에서 이주해 온 사람의 경우, 지역 뉴스 프로그램의 시청량이 많으면, 상대적으로 그 지역에 대한 애향심이 증가한다는 연구결과가 있다고 하자. 이 때, 시청량이 애향심의 변화를 유발하기 때문에 이 두 개념은 공변화의 관계를 지닌다고 할 수 있다. 그러나 실상은 타지에서 이주해 와서 그 지역에 거주한 기간의 정도가 시청량과 애향심에 동시에 영향을 미쳐서 이 두 개념이 서로 관계가 있는 것처럼 보일 수 있다. 이주해서 지역에 거주한 기간이 오래될수록, 그 지역의 텔레비전 뉴스를 많이 보는 것은 당연하다. 또한 이주기간이 오래될수록, 그 지역을 사랑하는 마음이 증가하는 경향도 있다. 즉, 이주기간이 시청량과 동시에 애향심에 영향을 미치기 때문에 시청량과 애향심이 함께 변화하면서 서로 관계가 있는 것처럼 보일 수 있다. 만일 이것이 사실이라면, 이주기간의 정도가 시청량과 애향심의 관계가 실제로는 없음에도 불구하고 있는 것처럼 만드는 유발 원인이 된다. 바로 이러할 때, 시청량과 애향심은 거짓효과의 관계를 가진다고 한다. 거짓효과를 그림으로 나타내면 [그림 2-1]과 같이 도식화할 수 있다.

다른 경우는 개념 A가 개념 B의 변화를 야기하는 원인처럼 보이지만 개념 A가 다른 제3의 개념을 변화시키고 다른 제3의 개념이 다시 개념 B의 변화를 야기하는 경우이다. 예를 들면, 친밀성과 상대방 거짓말 간파하기의 관계를 살펴보자. 연구결과에 따르면, 친할수록 상대방의 거짓말에 잘 속아넘어 간다고 한다. 그래서 친밀성과 상대방의 거짓말 간파하기는 공변화의 관계에 있다고 할 수 있다. 그러나 정밀하게 조사해 보면, 친밀성이 상대방의 거짓말 간파하기에 직접적인 영향을 미치는 것이 아니라, 간접적인 방식으로 영향을 미칠 가능성이 있다. 친할수록 상대방을 더욱더 믿게 된다. 그리고 상대방을 더욱더 믿을수록 상대방의 거짓말에 더욱더 잘 속아넘어 간다고 할 수 있다. 따라서 친밀성의 증가가 상대방의 신뢰성을 증가시키고, 상대방의 신뢰성이 상대방의 거짓말 간파하기에 영향을 미친다고 할

그림 2-1 거짓효과 1

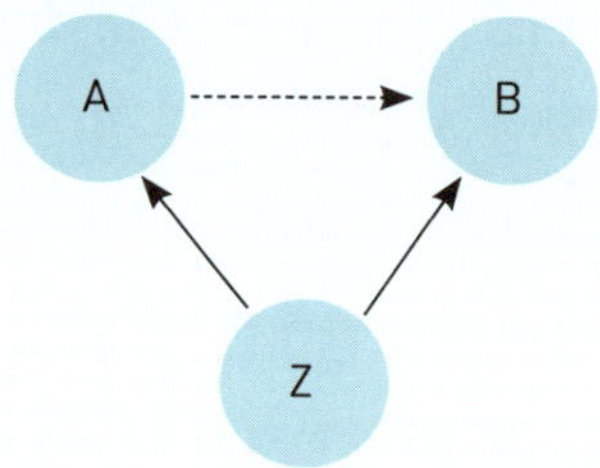

그림 2-2 거짓효과 2

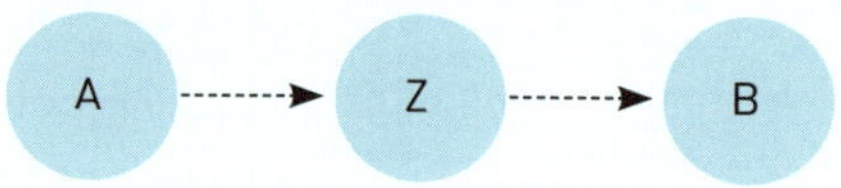

수 있다. 이 때 친밀성과 상대방의 거짓말 간파하기는 공변화의 관계에 있지만, 이 두 개념은 거짓효과의 관계에 있다고 할 수 있다. 이를 그림으로 도해하면 [그림 2-2]와 같이 그려볼 수 있다. 요약하면, 두 개념의 공변화가 거짓효과가 아니어야 한다는 요건은 두 개념의 공변화가 제3의 개념으로 인한 것이 아니라 순수하게 두 개념 사이의 직접적인 관계로 인한 것이어야 한다는 것을 강조하는 요건이라고 할 수 있다.

위에서 설명한 두 기준의 관점에서 보면, 개념들은 네 관계 중 하나의 관계를 지니게 된다. 하나는 긍정적이면서 상관관계, 다른 하나는 긍정적이면서 인과적 관계, 또 다른 하나는 부정적이면서 상관관계 그리고 마지막으로 부정적이면서 인과관계가 그것이다. 따라서 관계의 측면에서 볼 때, 네 유형의 명제가 있을 수 있다.

셋째, 명제에 나타난 개념들 간의 관계는 단정적이자 결론적인 것이 아니라 추정한 것이어야 한다는 조건이다. 이는 명제에서 언급한 개념들 간의 관계는 추측한 것이기 때문에 맞을 수도 있고 틀릴 수도 있다는 것을 의미한다. 즉, 명제는 참일 수도 있고 혹은 거짓일 수도 있다. 과학적 연구가 추구하는 목표 중 하나는 바로 명제의 진위 여부를 밝히는 것이다. 연구는 명제의 시시비비를 따짐으로써 명제에서 추정한 개념들 간의 관계가 맞는지 혹은 틀리는지를 밝히고, 이의 결과로서 명제라는 새로운 지식을 축적시킨다고 할 수 있다. 명제는 과학자가 찾아내려는 지식의 한 형태인 것이다.

마지막으로, 명제는 진술문의 형태이어야 한다는 조건이다. 이는 명제는 문장의 형태로 서술되어야 한다는 것을 의미한다. 명제란 연구자 혼자 머릿속에서 생각하는 뭔가가 아니라 모든 사람들이 알 수 있도록 명확히 언급되어야 한다는 것이다. 혼자만의 (명제적) 지식으로 남을 때 이는 아직 입증되지 않은 지식이기 때문에 그리고 입증의 과정을 거칠 수 없는 지식이기 때문에 명제라고 하지 아니한다는 것을 이 조건이 분명히 하고 있다고 할 수 있다. 이와 같이, 명제는 많은 사람이 검토하고 그리고 그 진위 여부를 검증할 수 있도록 진술문의 형태로 분명히 서술되고 진술되어야 한다.

이제 명제의 예를 들어보자. '친하지 않을수록, 공손한 표현을 사용할 것이다'라는 문장은 명제라고 할 수 있는가? 친밀성과 공손표현이라는 두 개념이 나오고, 이 두 개념이 부정적 인과관계에 있다는 것이 명시되어 있고(친밀성이 원인이고 공손표현이 결과면서 서로 부정적 관계), 사용할 것이다라는 표현으로 두 개념의 관계를 추정한 것임을 보여주고 있는 동시에 문장의 형태로 진술되고 있기 때문에 명제의 네 조건을 모두 충족하고 있다. 따라서 이 진술은 명제라고 말할 수 있다. '친할수록, 서로 대화하는 양이 증가할 것이다'라는 진술문은 긍정적 상관관계에 해당하는 명제인 반면에, '인터넷 사용량이 증가할수록, 텔레비전 시청시간이 줄어들 것이다'라는 진술문은 두 개념이 부정적 상관관계에 있는 명제라고 할 수 있다.

핵심개념 명제, 개념들 간의 관계, 추정, 진술문, 긍정관계, 부정관계, 상관관계, 인과관계, 공변화, 시간적 선후관계, 거짓효과

(3) 이론이란 무엇인가

앞에서 설명한 바와 같이, 이론이란 사회현상을 설명하기 위한 논리 혹은 틀이라고 정의할 수 있다. 이론은 명제(즉, 개념들 간의 관계)를 사용해서 사회현상을 설명한다. 풀어서 말하면, 여러 개의 명제를 이용해서 이론은 특정한 사회현상이 왜

발생하는가를 설명하는 이유나 논리를 제시한다고 할 수 있다. 따라서 개념들 간의 관계를 진술하는 명제들이 이론의 구성요소라고 할 수 있다. 명제는 개념과 개념들 간의 관계로 구성되니까, 먼저 명제에 나오는 개념을 정확히 이해한 후, 이론에 등장하는 명제를 파악하면 그것으로 이론을 쉽게 이해할 수 있다. 이해를 돕기 위하여 이론의 예를 들어보자.

사회학습이론은 어린아이들이 텔레비전 같은 매체에서 방송하거나 사회에서 일어나는 여러 행위들을 보고나서 이러한 행위들을 어떻게 배우는지를 논리적으로 설명하려는 이론이다. 이를테면, 어린아이들이 아이돌 가수의 춤을 텔레비전을 보고 배우는데 이러한 배움의 과정을 사회학습이론으로 설명할 수 있다.

먼저 개념을 이해하고 난 후, 명제를 파악하는 것이 이론을 완전히 장악하는 요령이므로, 사회학습이론을 이해하기 위하여 먼저 사회학습이론에 나오는 개념들을 알아야 한다. 이 이론에 나오는 중요 개념들로는 관찰, 모방, 보상과 처벌, 학습이 있다. 관찰이란 말 그대로 보는 행위를 말하며, 모방은 어떤 것을 흉내 내는 것을 의미하고, 보상은 정신적으로나 물질적으로 제공되는 이득을 일컫고, 처벌은 정신적으로 혹은 물질적으로 피해보는 손실을 뜻하며, 학습은 뭔가를 배우는 것을 말한다. 이론을 완벽히 소화하기 위하여 개념을 이해한 다음에는, 이론에 나오는 명제, 즉 개념들 간의 관계를 파악하여야 한다. 이 순서에 따라 사회학습이론에 나오는 개념들 간의 관계인 명제를 살펴보자. 이 이론에는 (1) 관찰이 모방을 이끌 것이다, (2) 모방을 할 때 보상이 주어지면 그 모방은 다시 발생할 가능성이 증가할 것이다, (3) 이의 결과로서, 모방이 학습될 가능성이 증가할 것이다, (4) 반면에 모방을 할 때 처벌이 주어지면 모방의 재발가능성은 감소할 것이다, (5) 이의 결과로서 모방을 학습할 가능성은 줄어들 것이라는 명제들이 나온다. 즉, 관찰 → 모방 → 보상 → 모방의 학습; 관찰 → 모방 → 처벌 → 모방의 소멸이라는 명제들을 이 이론은 활용하여 사회현상의 학습과정을 논리적으로 설명하고 있다.

예를 들어서 설명해 보면, 한 어린아이가 텔레비전에 출연한 한 아이돌 가수의 노래와 춤을 우연히 보게 되었고(관찰), 이들의 춤이 재미나서 혼자 신나하면서 따라 추었다(모방). 그리고 나서, 퇴근하여 집에 온 아빠와 저녁을 먹고 나서 낮에 춰 본 그 가수의 춤을 아빠 앞에서 다시 신나게 추었다. 그랬더니 아빠가 '야, 우리 딸 정말 춤 잘 추네'라고 칭찬하면서 너무나도 기쁜 표정을 지으셨다(보상). 어린아이는 칭찬 받은 것이 너무 기쁜 나머지, 저녁에 놀러 오신 할머니 앞에서 아이돌 가수의 춤을 또 추었고 역시 할머니도 기뻐하면서 칭찬을 많이 해 주셨다(보상). 이 결과, 아이돌 가수를 흉내 낸 춤 솜씨가 점점 향상되었고 그 춤을 자신있게 출 수 있게 됨으로써(학습) 그 아이가 아이돌 가수의 춤을 배우게 된다는 것이 사회학습이론의 논리적 설명이다.

지금까지 논의를 바탕으로 이론을 이해하는 요령을 다시 정리해보자. 이론은 사회현상을 설명하기 위한 논리적 틀이다. 이론의 논리적 구성은 개념과 개념들 간의 관계인 명제로 이루어진다. 이러한 점을 감안할 때, 이론을 이해한다는 것은 주어진 이론이 설명하려는 사회현상, 이론을 구성하고 있는 개념들 그리고 그 개념들 간의 관계를 파악하는 것이라고 할 수 있다. 여기에 이론이 설명하고자 하는 사회현상의 실제 사례에 이론적 논리를 적용시켜 해석해 보는 작업을 덧붙이면 이론을 완벽하게 이해할 수 있을 것이다. 독자 여러분들이 앞으로 이론을 배울 때, 이 네 요령(사회현상의 이해, 개념의 이해, 개념들 간의 관계에 대한 이해, 실제 사례에 이론적 논리의 적용)을 잊지 마시기 바란다.

핵심개념 이론, 이론의 정의, 이론의 구성요소, 이론을 이해하는 요령

2. 이론연구의 유형과 연구아이디어 찾기

이제 이론이 무엇인지를 알았으니 본격적으로 이론연구의 아이디어를 찾는 요령을 배워보기로 하자. 이론연구의 아이디어를 찾는 요령은 이론연구의 유형에 따라 조금씩 달라진다. 비록 저자를 제외하면 이론연구의 유형화를 시도한 학자들은

별로 없지만, 이론연구의 유형을 분류하는 방법은 이론적으로 무수히 많을 수 있다. 여기서는 아이디어를 찾는 요령이라는 관점에서 이론연구를 개념화연구, 명제를 확장하는 이론확장연구, 이론을 구축하기 위한 이론구축연구라는 세 갈래로 유형화하려고 한다. 이들 연구와 연구아이디어 찾는 요령을 하나씩 차근차근 설명해 보기로 하자.

(1) 개념화연구와 연구아이디어 찾기

이론의 대상은 사회현상이고 사회현상이 본격적인 이론연구의 탐구대상이 되기 위해서는 개념화가 선행되어야 한다. 사회현상에 대한 개념적 용어를 주조하고 이를 정의하는 것이 이론화의 첫출발이기 때문이다. 연구자가 개념화에 관심을 가지고 개념화연구를 하는 동기는 크게 두 가지에서 비롯된다. 하나는 연구자가 흥미를 지니고 있거나 혹은 사회적으로 중요한 사회현상이라는 판단에서 비롯된다. 예를 들면, 미국의 경우 광고문안으로 외래어를 사용하는 현상이 드물기 때문에 외래어 광고문안은 중요한 사회현상이 아니지만, 한국의 경우 외래어가 발견되지 않는 광고가 없을 정도로 흔히 발견할 수 있는 사회현상이라서 중요하다고 판단하고 더 나아가서 우리 사회에서 아직 외래어 광고문안 현상에 대한 개념화 시도가 없었다면 이와 대한 개념화연구를 고려해 볼 수 있다.

다른 하나는 기존연구에서 탐구대상이 된 개념의 개념화에 문제점이 있다는 것을 발견한 경우, 이를 보완하는 개념화연구를 생각해 볼 수 있다. 보통 개념적 정의는 맞다, 틀리다의 문제가 아니라 유용하냐, 유용하지 않느냐에 따라 개념적 정의가 좋다 혹은 나쁘다를 평가한다. 따라서 우리 사회에서 활용가치가 높고 중요하고 다양한 상황에 적용가능성이 높을수록 그 개념정의는 유용한 정의라고 할 수 있다. 만일 어떤 연구자가 내린 개념적 정의나 혹은 미국연구에서 내린 개념적 정의가 우리 사회에 유용한 정의가 아니라고 판단했다면 이를 보완하는 개념화연구를 고민해 볼 수 있다. 이를 테면, 미국인 학자가 내린 체면에 대한 정의가 한국사회에서는 유용하지 않다고 판단했다면, 체면에 대한 정의를 재검토하여 한국사회에 유용한 개념적 정의를 찾는 개념화연구를 구상해 볼 수 있을 것이다.

이 둘 중 어떤 경우이든, 개념화연구의 경우 연구자에게 가장 요구되는 자질은 통찰력 있는 관찰력이다. 다시 말하면, 우리 사회의 현상들을 유심히 살펴보는 힘이 개념화연구의 아이디어를 찾는 가장 중요한 동인이라는 말이다. 세심한 관찰력이 우리 사회의 특색있는 사회현상을 발견케 하는 요소이자 기존 연구가 내린 개념적 정의의 유용성 여부를 판단케 하는 준거를 제공하기 때문이다. 통찰력 있는 관찰의 전제 조건은 기존 개념들의 개념적 정의를 공부할 때 이 개념화가 과연 우리사회에 유용하고 타당한가라는 의문부호를 끊임없이 다는 것이다. 특히, 외국으로부터 유입된 개념과 개념적 정의에 대해선 과연 외국의 개념적 정의가 우리 사회에도 유용한지를 끊임없이 고심하여야 한다. 의심하는 사고가 세심한 관찰을 이끄는 원동력이 되는 경우가 많다. 그리고 이러한 치밀한 관찰이 개념화의 좋은 아이디어를 낳을 때가 많다는 사실을 명심했으면 한다.

관찰을 한 후에 관찰한 내용을 기반으로 사회현상을 용어화하고 개념적 정의를 내리는 개념화 작업이 연구아이디어를 찾는 요령이다. 이 작업은 지식과 경험을 기반으로 많은 사색과 고민을 통해 진행하는 것외에 다른 방도가 없다. 이 과정은 누가 가르쳐줄 수 있는 것이 아니다. 사색과 고민을 하는 도중에 많은 시행착오를 겪고 아픔의 시간을 맞이하면서 스스로 배우는 것이 보통의 방법이다. 물론 주변의 사람들과 함께 논의하고 토의함으로써 부분적으로 도움을 받을 수 있기는 하다. 그러나 궁극적으로 스스로 이러한 능력과 요령을 배우고 숙달해야 한다. 인고의 시간들이 훌륭한 연구자로서 성장하는 밑바탕이 된다는 점을 명심하고 많은 노력을 기울였으면 한다. 요약하면, 개념화연구의 아이디어를 찾는 요령은 단순하다. 먼저 공부하면서 기존 개념화에 끊임없이 도전하며 의문을 제기한 후, 그 개념과 관련있는 우리 사회의 현상을 예리하게 관찰하고 지식과 경험과 시행착오를 통해 새로운 개념화의 아이디어를 찾는 것이다.

개념화연구는 사회현상을 연구대상으로 편입하는 시발점이 되는 연구이거나 혹은 사회현상을 정의하고 있는 기존 개념의 유용성을 높이는 연구라고 할 수 있다.

동시에 이론의 출발이 개념화라는 점에서 이론의 토대를 이루는 연구이기도 하다. 이런 점에서, 우리 고유의 한국적 커뮤니케이션 현상에 대한 이론화를 위하여 초기에 수행해야 할 중요한 연구의 유형이 바로 개념화연구라고 할 수 있다.

사례연구 2.1 사례로 본 개념화연구의 아이디어 찾기 요령

대인설득전략이란 상대방을 설득할 때 사용하는 메시지전략을 말한다. 미국의 대인설득전략은 보통 16가지 전략이 있다고 알려져 있다. 이들 16가지 전략을 유심히 살펴보면, 이 16가지 전략 모두는 설득하는 사람이 원하는 바가 무엇인지를 상대방에게 명확히 이야기한다는 특징이 있다. 또한 미국에는 들어줄 때까지 계속 처벌하기와 같은 전략이 있는데 직관적으로 이 같은 전략은 우리 사회에서는 많이 사용하지 않거나 사용하지 못할 것 같은 전략인 느낌이 든다. 이러한 생각과 느낌을 정확히 평가하기 위하여 우리 사회에서 나타나는 대인설득전략을 유심히 관찰하기 시작하였다. 관찰해 본 결과, 우리의 경우는 설득할 때 명확히 하는 경우도 있지만 넌지시 하는 경우도 많다는 것을 알게 되었다. 대인설득 현상을 실제로 관찰하면서 미국과 한국의 대인설득전략에는 확연한 차이가 있다는 확신을 가지게 되었고, 이를 연구아이디어로 삼아 대인설득전략에 대한 개념화연구를 진행한 바 있다. 이렇게 해서 탄생한 연구가 바로 '한국인의 대인설득전략'이다.

(2) 이론확장연구와 아이디어 찾기

이론확장연구란 이미 구축된 기존 이론을 발전시킬 목적으로 기존 이론이 지니고 있는 문제점이나 한계를 보완하는 연구를 말한다. 이론은 논리적 명제들로 구성되어 있다는 점을 감안할 때 기존 이론은 크게 두 가지 방식으로 보완된다. 하나는 기존 이론이 제시하고 있는 논리들 중 일부를 수정함으로써 기존 이론을 보완하는 방법이다. 만일 기존 이론의 논리를 구성하고 있는 명제들 중 일부에서 문제점을 발견했다면, 이 명제를 수정하고 보완함으로써 기존 이론의 논리를 더욱 유

용하고 단단하게 구축하는 연구가 이론확장연구의 하나라고 할 수 있다. 실제 연구의 세계에서 보면, 보통 이런 유형의 이론확장연구는 많지 않은 편이다. 이론은 맞다, 틀리다를 따지지 않고 그 유용성을 기준으로 평가받기 때문이다. 그렇지만, 논리적으로 이런 유형의 이론확장연구는 언제든 가능하다고 할 수 있다. 이를테면, 미국에서 발견된 이론적 논리나 명제들 중 일부가 한국사회에 적합하지 않을 수 있다면, 부적합한 명제를 수정함으로써 한국에 알맞은 이론을 제안할 수도 있을 것이다.

다른 하나는 기존 이론의 논리를 구성하고 있는 명제들을 확장하는 방식이다. 이미 개발된 이론이라고 해서 완벽한 것은 아니다. 상황과 환경의 변화나 시대적 흐름의 변화로 인하여 기존 이론을 보강해야 할 필요성이 대두되기도 하고 기존 이론이 태생적 한계를 지니고 있기 때문에 이를 강화하는 연구가 불가피한 경우도 있다. 또한 기존 이론의 논리적 명제들 중 일부가 특정 조건하에서만 맞거나 혹은 특정 조건하에서 맞지 않을 수 있다. 이러할 때 그 명제를 조건 요인을 추가함으로써 기존 이론의 논리를 확장시킬 수 있다. 예를 들면, '대화를 나눌 때 친할수록, 말하는 사람의 메시지로 인하여 듣는 사람의 체면이 손상당할 가능성이 줄어들며 그 결과 공손하지 않게 말할 가능성이 증가된다'라는 기존의 공손이론이 있다. 그러나 대화를 나눌 때 그 대화의 내용이 앞으로 두 사람간 인간관계에 나쁜 영향을 미칠 가능성이 있는 경우 친할수록 상대방의 체면을 더욱 손상시킬 가능성이 커지기 때문에 더욱 공손하게 이야기할 가능성이 증가된다'라는 점을 발견했다면, 기존의 공손이론의 논리적 명제 중 일부에 조건 요인(즉, 앞으로 인간관계에 대한 영향이라는 조건 요인)을 추가함으로써 기존 이론을 보완하게 된다. 이러한 방식의 연구도 이론확장연구의 하나라고 할 수 있다(자세한 연구 예는 사례연구 2.2 참조). 요약하면 이론확장연구는 기존 이론의 한계나 문제점을 보강함으로써 활용 가치를 높이는 데에 초점을 맞추는 연구라고 할 수 있다.

기존 이론의 문제점이나 한계를 보완한다는 의미는 기존 이론이 제시하고 있는 개념이나 개념들 간의 관계인 명제를 보완한다는 뜻이다. 개념화연구는 개념을 보강하는 연구라고 할 수 있는 반면에, 이론확장연구는 개념들 간의 관계인 명제를 수정하거나 보완 혹은 확장하는 데에 초점을 맞추는 연구라고 할 수 있다.

기존 이론을 보강하고 발전시키려는 연구목적을 갖는 이론확장연구는 보통 두 가지 방식으로 아이디어를 얻는다. 하나는 기존 이론의 문제점이나 한계를 경험적으로나 직관적으로 발견한 후 이에 대한 해법이나 해결방안을 논리적으로 찾아내는 방식이다. 사실 기존 이론이 지니고 있는 문제점을 찾는 일은 간단한 일이 아니다. 이미 오랜 사유를 통하여 모순적인 부분을 최소화시킨 기존연구의 이론적 논리로부터 문제점을 찾아내야 하기 때문이다. 이러한 작업을 효과적으로 행하는 방법은 개념화연구처럼 공부할 때 이론이 설명하고자 하는 사회현상을 역시 통찰력 있게 관찰하는 것이다. 많은 연구자들이 연구의 출발은 관찰이고 연구자의 능력은 관찰하는 능력이라고 주장하는 이유가 여기에 있다. 이론과 연관된 현실을 직접 경험하고 관찰함으로써 현실과 어긋나는 이론적 부분의 문제점을 발견하고 더 나아가서 이를 보완하는 연구아이디어를 얻을 수 있다. 현실과 이론이 상충하는 모순을 찾으면 이러한 모순을 해결하기 위한 방안을 논리적으로 그리고 깊이 있는 사색으로 강구함으로써 이론확장연구의 아이디어를 얻을 수 있다는 말이다.

다른 하나는 기존 이론을 검증한 연구들로부터 이론확장연구에 대한 아이디어를 얻을 수 있다. 우선 기존 연구들이 이론을 검증하기 위하여 수행했던 모든 연구과정을 면밀히 검토하고 잘못된 과정이 있는지 혹은 없는지를 정밀하게 따져보아야 한다. 이러한 분석을 통하여 문제점을 찾는다면 이 문제점이 단서가 되어 이론확장연구의 아이디어를 얻을 수 있다. 개념적 정의의 과정과 이론을 검증하기 위한 명제를 도출하는 과정이나 이론이 제시하고 있는 명제를 수정하고 확장하는 과정에서 문제점을 찾는 요령에 대해서는 이 장에서 설명하고 있다. 나머지 부분을 통한 연구아이디어를 찾는 방법에 대해서는 다음 장부터 자세히 논의할 예정이다. 어떤 과정과 방식을 사용하느냐에 상관없이 이론확장연구의 아이디어를 찾는 과정은 매우 어려운 과정이기 때문에, 이 책에서 설명하는 내용을 충분히 이해하지 못했다면 반복해서 읽고 또 읽기 바란다.

요약하면, 이론확장연구의 아이디어를 얻는 요령은 크게 두 가지이다. 하나는 개념화연구처럼, 기존 이론이나 명제를 공부할 때 우리 사회에 이들이 과연 유용한지에 대한 질문을 끊임없이 던지면서 이 질문의 답을 날카로운 관찰로 사회현상으로부터 찾는 방식이다. 다른 하나는 기존 이론을 조사한 연구들을 논리적으로 그리고 방법론적으로 정밀하게 분석하면서 문제점을 찾고 이를 연구아이디어로 삼는 방식이다. 풍부한 이론적 그리고 방법론적 지식을 갖출 때에만 이 방식으로 연구아이디어를 찾을 수 있다. 이 책이 이론적 그리고 방법론적 지식을 풍요롭게 하려는 데 주된 목적을 두고 있는 까닭이 바로 여기에 있다.

사례연구 2.2 사례로 본 이론확장연구의 아이디어 찾기

미국에서 나온 브라운과 레빈슨(1987)의 공손이론이라는 이론이 있다. 이 이론이 제시하고 있는 명제 중 하나는 '친할수록, 공손하지 않은 표현을 쓸 것이다'는 명제이다. 즉, 친밀성과 공손표현은 부정적 인관관계가 있다는 명제이다. 여러 연구에서 이 명제는 사실임이 입증되었다. 그러나 '친할수록 항상 공손하지 않는 표현을 쓰는가'에 대한 의문을 품고 있는 한 연구자가 있었다. 이 의혹에 대한 답을 찾기 위하여, 사람들의 일상대화를 꾸준히 관찰하였다. 관찰 결과, 사람들이 때때로 오히려 친한 사람에게 더욱 공손한 표현을 쓰는 경우가 있다는 것을 이 연구자는 발견하였다. 이 연구자는 어떤 커뮤니케이션 상황에서 친한 사람에게 더욱 공손한 표현을 쓰는지를 알아내려고 지속적으로 그리고 쉼없이 관찰을 하였다. 오랜 관찰을 통해 이 연구자는 상대방에게 뭔가를 충고하려는 상황에서는 오히려 친한 사람에게 더 공손한 표현을 쓴다는 것을 알게 되었다. 이러한 관찰을 토대로, 이 연구자는 왜 충고상황에서 친한 사람에게 더 공손한 표현을 사용할까에 대한 이유를 고민하고 또 고민하며 사색하였다. 다른 일상적인 대화상황과 충고상황과는 어떠한 상황적 차이가 있을까, 그 차이를 일으키는 요인은 무엇일까 등을 깊이 있게 사색하고 또 생각하였다. 사색하는 동안에, 이 주제와 관련된 기존연구와 참고문헌들도 찾아서 읽었다. 이것들이 생각을 정리하는 데 많은 도움을 주었음은 물론이다. 그 결과, 대화를 다하고 나서 오히려 상대방과 인간관계가 훼손될 가능성이 있는 경우, 사람들은 매우 조심스럽고 상대방의 비위나 감정을 상하지 않도록 공손하게 이야기하는 것이라고 추론하게 되었다. 이 연구자는 이 요인을 앞으로 인간관계의 중요성 요인이라고 추측하고 실제로 그의 생각이 맞는지를 연구하였다. 이렇게 해서 나온 연구가 바로 강길호와 이지오가 실시한 '친밀성과 앞으로 인간관계의 중요성이 공손표현에 미치는 영향'이라는 연구(1999)이다.

이 연구는 공손이론이 제시한 명제에 뭔가 문제점이 있다고 생각하고, 공손이론의 논리와 달리 어떤 조건하에서 친밀성과 공손표현이 긍정적 인과관계에 있을 수 있는지를 실생활에서 꾸준히 관찰한 것이 연구 아이디어를 얻는 첫 단추이었다. 그리고 나서, 충고라는 커뮤니케이션 상황에 내재되어 있는 어떤 요인이 친밀성과 공손표현의 긍정적 인과관계를 유도하는지를 알아내기 위하여 생각의 힘을 빌렸다. 다른 대화상황과 충고상황의 차이점은 무엇일까, 언제 친한 사람에게 더욱 공손하게 이야기할까, 친한 사람에게 더욱 공손하게 이야기한다면 그 이유는 무엇일까 등과 같은 질문을 던지고 생각을 통해 답을 얻으려고 노력했다. 사색과 생각이 이 연구의 아이디어를 얻는 두 번째 원천이었다. 이러한 과정을 통해, 앞으로 인간관계의 중요성이라는 요인이 친밀성과 공손표현의 관계를 조절하는 요인일 것이라는 아이디어를 발견하였다. 그리고 나서 연구를 통해 이 아이디어가 참이라는 사실을 확증하였다. 이 연구는 브라운과 레빈슨(1978, 1987)이 제시한 공손이론의 명제를 수정하고 보완하는 일종의 이론확장연구라고 할 수 있다. 이 연구에서 보듯이, 개념화연구처럼 이론확장연구의 아이디어를 얻는 원천도 관찰과 사색이라고 할 수 있다.

(3) 이론구축연구와 연구아이디어 찾기

이론구축연구는 주로 사회현상들이 왜 그러한 관계를 지니는가에 대한 이유를 설명하는 논리를 찾는 데에 초점을 맞추는 연구이다. 바꿔 말하면, 개념들 간의 관계에 대한 이론적 설명과 논리를 찾는 연구라고 할 수 있다. 과학적 방법론을 사용하는 연구 중 가장 어려운 연구의 하나라고 할 수 있다. 관찰력은 물론 풍부한 아이디어와 직관 그리고 논리적인 사고 등과 같은 다양한 능력이 요구되는 연구이기 때문이다.

이론구축연구는 사회현상을 설명하기 위한 이론을 찾는 연구이기 때문에 이론을 구성하는 개념들을 정립하고 개념들 간의 관계를 제시함으로써 이론적 논리를 구축하는 연구라고 할 수 있다. 대부분의 경우 한 번의 연구로 이론구축을 할 수 없기 때문에, 보통 앞에서 소개한 개념화연구와 이론확장연구 등을 통해서 이론구축을 위한 토대적 지식을 형성한 다음에 이론구축연구를 완성하는 것이 일반적이다. 물론, 총명해서 단숨에 이론구축연구가 가능하거나 할 수 있다면, 그렇게 하면 된다.

이론구축연구는 다른 유형의 연구에 비하여 사회현상을 설명하려는 이론을 찾으려는 연구이기 때문에 많은 아이디어를 요구한다. 사회현상을 관찰하고 이를 개념화하는 아이디어, 개념들 간의 관계인 명제와 관련된 아이디어 그리고 명제들을 결합하여 사회현상을 설명하는 논리를 구조화하는 아이디어 등이 필요하다. 보통 연구가 하나의 아이디어만을 담고 있다는 점을 감안할 때 이론구축연구의 어려움을 가히 예상할 수 있을 것이다. 이 중 이론구축연구의 핵심은 이론적 논리를 찾는 작업이다. 이론적 논리를 찾는 아이디어의 발견은 연구자의 경험과 관찰한 사실을 기반으로 사회현상을 발생시키고 움직이는 이른바 '보이지 않는 요인'을 추론하는 과정과 연구자가 지니고 있는 전문적인 지식의 토대 위에서 오랜 사색과 심사숙고라는 사유의 과정이 요구된다. 열정적인 전문적 지식의 습득과 풍부한 경험과 관찰 그리고 논리적인 사유를 통해서 이론구축연구를 현실화시킬 수 있는 것이다.

비록 검증되기 전이라도 개발된 이론적 논리는 적어도 그럴듯(설득력이 있는 논리)해야 한다. 다양한 현상에 적용 가능할 정도로 적용 범위가 넓고 그 활용가치도 클수록 바람직하다. 뿐만 아니라 사회적 가치와 의식을 어느 정도 반영하는 현실성이 있어야 한다. 개발된 이론적 논리 중 어떤 이론은 오랫동안 살아남는 반면에 어떤 이론은 흔적도 없이 금방 사라지는 까닭은 적용범위, 활용가능성, 현실성 등과 같은 기준에서 수준 차이가 있기 때문이다.

한국적 사회현상에 대한 이론화를 위하여 가장 집중해야 할 연구가 이론구축연구임은 말할 나위가 없다. 한국적인 이론을 개발케 해주는 하나의 패러다임으로 작동할 수 있기 때문이다. 유사한 현상이라 하더라도 그 사회현상에 대한 한국과 외국 간의 차이점이 무엇인지를 파악하고 사회현상에 대한 한국만이 지니고 있는 고유한 특성을 찾아내고 그 사회현상에 대한 이론적 논리를 구축하여야 한다. 불행하게도, 아직 우리 실정에 맞는 사회현상에 대한 이론의 개발이 미흡하여 이론 구축은 여전히 우리의 숙제거리로 남아있다.

사례연구 2.3 사례로 본 이론구축연구의 연구아이디어 찾기

우리 사회의 커뮤니케이션현상을 설명하는 이론으로서 강길호의 양자체면이론(2008)이라는 것이 있다. 이 이론은 아마 우리 사회의 커뮤니케이션현상을 설명하려고 시도한 최초의 커뮤니케이션 이론이 아닌가 싶다. 이 이론의 기본 아이디어는 물론 서양의 체면이론으로부터 많은 도움을 받았다. 서구사회에서는 말하는 사람의 체면이 듣는 사람의 체면에 크게 영향을 미치지 않기 때문에, 서구의 체면이론은 기본적으로 말하는 사람의 체면과 듣는 사람의 체면은 서로 독립적인 것으로 본다. 이를테면, 서구사회에서는 말하는 사람이 스스로의 체면을 올리는 자랑 같은 말을 하더라도 듣는 사람은 이러한 말에 자신의 체면이 손상당했다고 생각하지 않는다. 그러나 한국사회에서는 이와 다르다는 것을 목격하고 서구와 다른 우리 사회의 체면현상을 이론화한 것이 바로 양자체면이론이다.

사실, 우리 사회에서는 말하는 사람이 자신의 체면을 올리는 자랑 같은 말을 하면, 듣는 사람은 자신의 체면이 상대적으로 손상당했다고 생각하게 돼서 기분이 나빠진다고 느끼는 경우가 많다. 예를 들면, 친구가 이번 학기에 공부를 잘해서 장학금을 받았다고 말하면(즉, 말하는 사람 자신의 체면을 스스로 올리는 메시지를 말하면), 듣고 있던 친구는 표면적으로 이 말이 자신의 체면 메시지와 아무런 연관성도 없는 메시지이긴 하지만 괜히 자신의 체면이 손상당한 느낌을 받는다. 우리의 체면 메시지는 서구사회와 달리 말하는 사람과 듣는 사람의 체면에 동시에 영향을 미친다는 점을 관찰하고 이를 이론화시킨 것이 곧 양자체면이론이다.

서구사회와 다른 한국사회의 독특한 체면현상을 이론화시키기 위하여, 제일 먼저 관찰한 사회현상들을 개념화시키는 작업을 진행하였다. 말하는 사람의 체면과 듣는 사람의 체면을 양자체면이라고 개념화시키고, 꾸준한 관찰을 통하여 말하는 사람과 듣는 사람의 관계가 협동적이냐 혹은 경쟁적 관계냐에 따라 말하는 사람의 체면 메시지가 듣는 사람의 체면에 다르게 작용한다는 것을 발견하였다. 즉, 경쟁적 관계에서는 말하는 사람이 자신의 체면을 올릴수록 듣는 사람의 체면은 손상되는 것으로 지각되는 반면에, 협동적 관계에서는 말하는 사람이 스스로의 체면을 올릴수록 듣는 사람의 체면도 같이 올라가는 것으로 지각하는 경향이 있었다. 경쟁적 관계에 있는 같은 학과의 친구는 내가 '장학금 받았어'라는 말에 대해 자신의 체면이 깎인 듯한 질투심을 느끼는 반면에, 협동적 관계에 있는 어머니는 같은 나의 말에 대해 당신의 체면이 올라가는 우쭐함을 느끼는 것이 이러한 관찰의 예이다. 이 아이디어를 찾을 수 있었던 힘은 양자체면현상에 대한 세심한 관찰과 그 관찰한 현실을 변화시키고 움직이는 기저요인이 있을 것이라고 생각하면서 이를 찾으려는 노력과 생각의 덕분이었다. 말하는 사람과 듣는 사람의 관계가 경쟁적인 정도를 상호의존성이라고 개념화시키고 이를 양자체면의 관계를 설명하기 위한 논리적 개념으로 보았다. 이러한 아이디어의 결과로서 탄생한 이론이 바로 양자체면이론이다.

양자체면이론을 발견한 과정도 개념화연구나 이론확장화연구와 별반 다르지 않다. 우리 사회의 체면현상은 서구사회와 달리 말하는 사람과 듣는 사람의 체면이 독립적이라기보다는 의존적이라는 사실을 관찰하고, 왜 그럴까라는 이유를 설명해 주는 논리가 과연 무엇일까를 고민한 끝에 양자체면이론이 발견되었기 때문이다. 이론구축을 하기 위해, 앞에서 설명한 것처럼, 관심있는 사회현상들을 개념화시킨 후 이들 개념을 이용하여 명제를 만듦으로써 관심있는 사회현상을 설명하는 이론적 논리를 완성하였다. 이는 관찰과 사색을 이용해서 이론을 구축한 전형적인 사례의 하나라고 할 수 있다. 이와 같이, 이론연구는 호기심어린 관찰과 그 관찰에 대한 깊은 사색을 통하여 좋은 연구의 아이디어를 얻을 수 있다.

이론구축연구는 연구의 꽃이라고 할 수 있다. 가장 연구다운 연구이며 연구자라면 누구나 한번쯤 자신이 해 보고 싶은 연구이기 때문이다. 인내와 지적 능력과 오랜 기간의 경험과 학문적 지식이 필요하기 때문에 누구나 쉽게 도전해 볼 수 있는 그런 연구가 결코 아니다. 그렇지만 한국 사회현상의 이론화를 위하여 반드시 실천해야 할 연구의 장르임은 분명하다. 우리 학계의 이론구축연구가 활성화될 때 한국적 사회현상에 대한 고유한 이론이 개발될 것이기 때문이다.

핵심개념 개념화연구, 이론확장연구, 이론구축연구, 이론연구 유형별 연구아이디어 찾는 요령

3. 이야기를 마치며

위에서 살펴보았듯이, 이론연구에는 개념화연구, 이론확장연구 및 이론구축연구라는 세 유형의 연구가 있다. 외국의 이론을 주로 빌려 오고 있는 우리 사회의 경우, 우리 사회현상과 현실에 맞는 이론의 개발을 강력히 요구받고 있다. 이론화 연구의 세 유형은 단순히 연구의 유형이나 형식이라는 의미를 넘어서 이러한 어려움에 처해 있는 한국의 사회연구에 상당한 함의를 제공한다. 한국 사회현상에 대한 이론화를 위하여 이론연구의 패러다임을 빌리는 작업은 절대적이다. 이론연구의 세 유형을 이러한 이론적 연구의 패러다임으로 원용할 수 있다. 이론연구의 세 유형은 이론화를 위한 순차적 연구의 성격을 지니고 있기 때문에 이론화를 위한 세 단계의 과정으로 볼 수 있다. 한국적 사회현상에 대한 이론화를 위하여 먼저 첫 단계로서 우리 사회현상을 탐구대상으로 편입하고 명료화하는 개념화연구를 수행할 필요가 있다. 그리고 나서 개념화연구로부터 정립된 개념과 연관된 이론을 구축하는 연구가 뒤따라야 하고 마지막으로 이 이론을 보다 정교화시키는 이론확장연구가 진행되는 것이 바람직하다. 이러한 이론적 연구의 패러다임과 각 단계의 과정이 활성화될 때 우리 사회현실에 걸맞는 이론의 개발이 가속화될 수 있을 것이다. 물론 이러한 과정은 결코 간단하거나 쉬운 작업이 아니다. 연구자가 학문적 소양, 넓은 학문적 지식, 깊은 통찰력 그리고 예리한 관찰력을 지니고 있을 때 가

능한 일이기 때문이다. 한국 사회현실에 대한 이론화를 위하여 사회과학자 모두가 노력해야 할 까닭이 여기에 있는 것이다. 지금까지 논의한 이론연구의 아이디어를 찾는 요령은 〈표 2-1〉에 일목요연하게 요약되어 있다.

표 2-1	이론연구의 아이디어를 찾는 요령에 대한 요약
개념화 연구	관심이 있는 개념에 대한 기존 지식 습득 → 기존 개념화가 우리 사회에 적합하고 유용한가에 대한 문제 제기 → 실제 발생하는 사회현상을 관찰함으로써 이에 대한 가상적인 해답 발견 → 연구가치가 충분한지를 판단하고 연구아이디어로 채택 → 연구하기
이론확장 연구	관심이 있는 이론이나 명제에 대한 기존 지식 습득 → 기존 이론이나 명제가 조건적으로 참일 가능성이 있는지 없는지를 고민 혹은 이론적 명제를 발견한 기존 연구들의 문제점을 신중하게 검토하여 찾기 → 실제 발생하는 사회현상을 관찰함으로써 기존 이론이나 명제를 보완하는 가상적인 해답 발견 → 연구가치가 충분한지를 판단하고 연구아이디어로 채택 → 연구하기
이론구축 연구	관심이 있는 사회현상들에 대한 관찰 → 그 사회현상을 발생케 하는 기저 요인 찾기 → 필요시, 기저 요인과 연관된 사회현상들을 개념화하기 → 기저 요인을 논리로 활용하여 사회현상들의 관계를 추론하기 → 사회현상들의 관계인 명제들을 논리적 모순이 없도록 하나의 틀로 구성하기 → 잠정적인 이론의 제안 → 연구하기

생각해 볼 문제

1. 기존연구들로부터 이론연구의 세 유형에 대한 예들을 찾아보고, 이들의 독창적인 아이디어가 무엇인지를 말해보자. 그리고 이 독창적인 아이디어의 장점과 단점을 논의해 보자. 이러한 논의를 통해 이 아이디어의 우수성 여부를 평가해 보자. 더 나아가서, 각 연구들의 우수성 여부를 판단해 보자.

2. 같은 개념(즉, 사회현상)을 연구한 여러 편의 기존연구들을 찾아보자. 각 기존연구들이 제시하고 있는 개념과 개념적 정의는 서로 어떠한 차이가 있는지 논의해 보자. 더 나아가서, 만일 찾은 기존연구 중 우리 사회에서 행한 기존연구가 있다면 이 연구가 제시하고 있는 개념은 서구사회의 연구들이 제시한 개념과 어떠한 차이가 있는지 이야기해 보자. 차이가 없다면, 이 개념과 관련된 사회현상이 우리 사회와 서구사회가 전혀 차이가 없는지 혹은 같다고 볼 수 있는지 토론해 보자. 이 토론의 결과로서, 이 개념에 대한 정의를 최종적으로 완성해 보자.

3. 이론연구의 세 유형에 대한 기존연구들을 찾아보고, 이들 연구가 어떤 과정을 통해 창의적 아이디어를 얻었는지를 이야기해 보자.

4. 서구사회와 다른 한국사회의 독특한 사회현상을 세심한 관찰로 찾아보자. 그리고 그 현상을 개념화해 보자. 예들 들면, 특정 이슈에 모든 언론이 뜨거운 관심을 보이다가 갑자기 기다렸다는 듯이 모든 언론이 그 이슈는 접어두고 또 다른 이슈에 관심을 보이는 이른바 언론의 냄비현상에 대해 개념화를 시도해 보자. 그리고 나서, 냄비현상을 설명할 수 있는 논리를 찾아보고 이 현상에 대한 이론화를 시도해 보자.

Chapter 3

방법론 개요: 과학적 방법론과 연구아이디어

연구아이디어를 찾는 방법은 크게 두 가지이다. 이론에 초점을 맞추어서 찾는 방법과 과학적 방법론에 초점을 맞추어서 찾는 방법이 그것이다. 연구아이디어의 원천이 이론이냐 혹은 방법론이냐에 관계없이, 연구아이디어를 잘 찾으려면 연구자가 관심을 갖고 연구하려는 사회현상에 대해 많은 지식을 지니고 있어야 한다. 아무것도 없는 상태에서 뭔가를 만들어 낼 수는 없기 때문이다. 무에서 유를 창조할 수 없는 세상의 이치와 같다. 우리가 전공분야의 기존 연구논문을 많이 읽어야 하는 이유가 여기에 있다. 지식이 없으면 사회현상을 아무리 열심히 봐도 보이지 않고 예리하게 관찰하는 것도 어렵다. '아는 만큼 보인다'는 말이다. 제2장에서는 이론에 초점을 맞추어서 연구아이디어를 찾는 요령을 설명하였다. 여기서부터는 과학적 방법론에 초점을 맞추어 연구아이디어를 찾는 요령을 설명하려고 한다. 과학적 방법론에 관한 지식이 많을수록 과학적 관점에서 연구아이디어를 더욱더 잘 찾을 수 있다. 다시 말하면, 과학적 관점에서 연구아이디어를 찾는 요령을 쉽게 이해하고 연구아이디어를 잘 찾기 위해서는 과학적 방법론의 지식이 풍부할수록 유리하다고 할 수 있다. 과학적 관점에서 연구아이디어를 찾는 요령을 이해하는 데 필요한 최소한의 과학적 지식만을 이 장에서 서술하려고 한다. 이 책은 과학적 연구방법론을 소개하려는 목적의 책이 아니라 이미 알고 있는 과학적 연구방법론 지식을 활용하여 어떻게 연구아이디어를 찾을 수 있는지에 대한 요령을 소개하려는 데에 그 목적이 있기 때문이다. 과학적 방법론 지식이 아직 미흡하다고 생각되는 사람은 이를 공부한 후에 이 책을 다시 읽었으면 한다. 이 장을 모두 공부하고 나면, 다음의 내용을 이해하게 될 것이다.

- 과학적 연구의 기본 목표
- 과학적 연구의 기본적인 구성틀
  - * 이론파트
  - * 검증파트
  - * 이론과 검증의 관계
- 과학적 방법론의 연구 과정
  - * 이론화 과정
  - * 조작화 과정
  - * 자료수집 과정
  - * 통계분석 과정
- 변인의 유형
- 과학적 연구의 오류
  - * 측정오차
  - * 표집오차
  - * 연구설계오차
  - * 통계분석의 오차
- 과학적 연구의 오류와 연구아이디어의 관계

1. 과학적 방법론의 개요

(1) 과학적 연구의 기본 목표와 구성틀

과학 혹은 과학적 방법론을 이용한 이른바 과학적 연구가 추구하는 기본 목표는 매우 좁혀서 말하면 '사회현상들 간의 관계를 규명하려는 것'이다. 다른 말로 표현하면, 사회현상을 추상화시킨 것이 개념이기 때문에 개념들 간의 관계를 조사하려는 것이라고도 할 수 있다. 이러한 과학적 목표를 달성하기 위하여 과학적 연구는 크게 보면 기본적인 두 부문의 구성틀(framework)을 활용한다.

과학적 연구는 크게 이론부와 검증부라는 두 부문의 구성틀로 이루어져 있다. 이론부에서는 개념들과 이론을 이용하여 명제를 추정하여 생성해내는 연구의 부분 혹은 연구의 장이다. 명제는 개념들 간의 관계를 추정하는 진술문이기 때문에 명제를 만들 때에는 추론의 과정이 불가피하게 수반된다. 연구자의 합리적이며 논리적인 생각이 추론의 토대이기 때문에 이론의 장은 연구자의 합리적 사유에 의존하는 연역적 추론을 요구하는 파트라고 할 수 있다. 과학적 연구의 경우, 뛰어난 연구자의 자질 중 하나로서 연연적(논리적) 사고능력을 강조하는 까닭이 여기에 있다.

검증부는 사회에서 일어나는 실제 사회현상을 관찰하고 조사해서 이론의 장에서 제시한 명제가 맞는지 혹은 틀리는지를 검증하는 장이다. 검증이란 연역적으로 추론된 명제가 실제로 사회에서 일어나거나 우리가 경험하는 사회현상들 속에서 나타나고 있는지 혹은 아닌지를 입증하는 과정을 말한다. 그래서 검증의 장은 명제가 추정하고 있는 사회현상들의 관계를 현실세계에서 발견할 수 있는지 혹은 우리가 경험할 수 있는지의 여부를 확인하는 파트라고 할 수 있다. 이런 이유에서, 검증의 장은 현실의 장 혹은 증명의 장 혹은 경험의 장이라고 지칭할 수도 있을 것이다. 또한 연역적 추론을 요구하는 이론파트와는 대조적으로 검증파트에서는 사회현상을 관찰하고 경험에 기반하는 귀납적 사고의 능력이 요구되는 장이라고 할 수 있다. 이와 같이 과학은 이론파트에서 명제 혹은 명제들을 추론하고 검증파트에서 실제 관찰한 실증적 자료를 이용하여 명제(들)를 검증하는 수순을 밟는다.

핵심개념 과학적 연구의 기본 목표, 과학적 연구의 구성 틀, 이론부, 검증부, 연역적 추론, 귀납적 추론

(2) 이론의 장과 검증의 장 간의 관계 — 개념과 명제 vs 변인과 가설

명제가 맞는지 혹은 틀리는지를 검증하기 위하여 이론의 구성요소인 추상적인 개념과 명제를 관찰하고 측정할 수 있는 무언가로 바꿔서 구체화시키는 작업이 필요하다. 개념은 추상적이어서 관찰할 수도 없고 측정할 수도 없기 때문에 개념으로 구성된 명제의 진위 여부를 직접적으로 검증할 수 없다. 그래서 명제를 검증하기 위하여 개념을 간접적으로 관찰하고 측정할 수 있는 수단이 필요하다. 개념과 명제를 간접적으로 관찰 혹은 측정할 수 있도록 바꾼 도구를 각각 변인과 가설이라고 하며 이들은 검증 과정에 있어서 매우 중요한 구성요소가 된다. 다시 말하면, 변인과 가설은 이론을 구성하고 있는 개념과 명제를 관찰하고 측정할 수 있도록 최적화시킨 수단이라고 할 수 있다. 이론부의 중요 구성요소가 개념, 명제 그리고 이론이라면, 검증부의 중요 구성요소는 변인과 가설이라고 할 수 있다.

변인은 관찰할 수 없는 개념을 관찰할 수 있도록 바꾼 것이기 때문에 변인은 자신이 대표하려는 개념과 최대한 일치되도록 만들어야 한다. 원론적으로 말하면, 한 개념을 대표하는 변인은 무수히 많이 만들 수 있다. 예를 들면, 두 남녀가 서로 애정을 보이는 정도로 정의되는 사랑이라는 개념은 직접적으로 관찰하거나 측정할 수 있는 방법이 없다. 그래서 이를 간접적으로 측정하기 위해 사랑이라는 변인을 만들 수밖에 없다. 변인으로서 사랑은 연구자에 따라서 (1) 두 남녀가 만나서 시간당 서로 눈 맞춤을 하는 평균 횟수, (2) 두 남녀가 만나서 시간당 눈 맞춤을 하는 평균 시간의 양, (2) 두 남녀가 시간당 손을 잡는 평균 횟수, (3) 두 남녀가 하루 평균 애정표현을 하는 횟수 등의 여러 방식으로 만들 수 있다. 이와 같이 한 개념을 측정할 수 있는 변인은 셀 수 없이 많이 만들 수 있지만, 변인을 만드는 절대적

인 원칙은 없다. 단지 최대한 개념을 대표하고 개념의 내용과 특성을 잘 반영하도록 만들어야 한다는 것이 최선의 원칙이라고 할 수 있다. 이는 관찰할 수 없는 개념을 관찰할 수 있는 변인으로 전환시키는 과정에서 발생하는 오류를 최소화시키는 것이 최선책임을 강조하는 원칙이라고 할 수 있다. 이 오류를 최대한 줄이는 요령의 하나는 개념의 개념적 정의와 변인의 조작적 정의를 최대한 일치시키는 것이다. 조작적 정의란 변인의 정의를 일컫는 용어로서 관찰하고 측정할 수 없는 개념을 조작해서 관찰하고 측정할 수 있는 변인으로 전환시킨 정의라는 의미를 지니고 있다. 개념적 정의의 의미를 확실히 이해한 후 이 의미를 조작적 정의에 충실히 반영할 때 개념과 변인 간의 차이를 최소화시킬 수 있다.

변인의 역할은 개념을 측정하려는 것이기 때문에, 보통 변인은 수량화된 값으로 표현될 수 있도록 만든다. 예를 들면, 개념으로서 남녀 간 사랑은 추상적이며 질적인 속성을 지닌 것이라고 할 수 있지만 변인으로서 사랑은 10점 만점에 몇 점하는 식으로 표현된다. 변인을 수량화시킬 수 있는 값으로 나타낼 수 있도록 만드는 까닭은 가설을 통해 이론세계의 명제를 간접적으로 검증하기 위함이다. 다시 말하면, 가설을 통해서 명제를 검증하기 위한 수단이 바로 변인의 본질적인 역할이라고 할 수 있다.

유명한 변인의 예로서 지능이라는 개념의 변인인 지능지수(IQ)를 들 수 있다. 생각할 수 있는 지적인 능력이라고 개념적으로 정의할 수 있는 '개념으로서 지능'은 관찰하거나 측정할 수 없지만, 우리 모두가 잘 알다시피 '변인인 지능지수'는 수량화된 값으로 측정할 수 있다. 마찬가지로 방법론 지식은 관찰할 수 없는 추상적인 개념이지만, 방법론 시험점수는 방법론 지식을 대리하는 관찰할 수 있는 또 다른 변인의 예라고 할 수 있다.

가설은 변인들 간의 관계에 대한 추정적 진술문이라고 정의된다. 명제의 개념적 정의에서 개념을 변인으로 바꾼 것이 가설의 정의인 것이다. 직접적으로 관찰하기 어려운 개념을 간접적으로 관찰하고 측정하기 위해 만든 것이 변인이듯이, 직접적으로 검증하기 어려운 명제를 간접적으로 검증 가능하게 만든 것이 가설이다. 결국, 가설은 변인을 이용하여 명제의 진위 여부를 간접적으로 검증하려고 만들어진 것이라고 할 수 있다. 가설의 역할이 바로 명제의 진위 여부를 밝히려는 것이라는 것이다. 또한, 개념과 변인의 관계는 가설과 명제의 관계와 같다고 할 수 있다. 이를 그림으로 나타내면 [그림 3-1]과 같다.

그림에서 알 수 있듯이, 이 그림의 가장 중심에 위치하고 있는 것이 명제라고 할 수 있다. 과학적 방법은 이론과 개념을 이용하여 명제를 추론해 내는 단계와 관찰하고 측정해서 명제의 진위 여부를 검증하는 증명의 단계라는 두 단계를 요구한다. 명제가 맞는지 혹은 틀리는지 확인해야 하는 증명의 과정을 이행하기 위해서 관찰할 수 없는 명제를 간접적으로라도 관찰할 수 있는 수단이 필요하다고 할 수 있다. 변인과 가설은 바로 명제를 간접적으로 검증하기 위해 만들어진 것이라고 할 수 있다. 이론을 활용하여 개념들 간의 관계를 추정하여 명제를 만들고, 개념을 간접적으로 관찰할 수 있도록 변인을 만들고, 변인을 이용하여 가설을 만들고, 가설을 통하여 명제의 진위 여부를 간접적으로 검증함으로써 이론의 유용성을 평가하는 과학적 과정의 단계를 이 그림은 요약하고 있다. 이러한 검증의 과정에 눈여겨 봐야 할 것은 오류가 존재한다는 사실이다. 검증의 과정 중에 오류가 발생할 가능성이 있는 곳은 두 군데이다. 하나는 개념을 변인으로 관찰할 수 있도록 전환하

그림 3-1 개념, 변인, 가설 그리고 명제의 관계와 그 순환과정

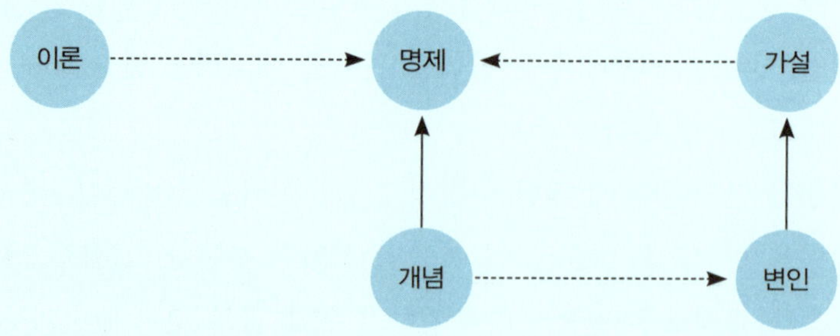

는 과정에서 오류가 발생할 가능성이 있다. 다른 하나는 가설을 이용하여 명제의 진위 여부를 결론짓는 과정에서 오류가 발생할 가능성이 있다. 만일 실제로 기존의 과학적 연구가 이러한 곳에서 오류들을 지니고 있다면, 연구아이디어를 생성하는 단서로 이러한 오류들을 활용할 수 있다. 이에 대한 논의는 연구아이디어를 얻는 요령과 연관해서 추후에 다시 자세히 설명할 것이다.

핵심개념 이론, 검증, 이론과 검증의 관계, 개념, 명제, 가설, 변인

(3) 변인의 유형

관찰할 수 없는 개념을 관찰해서 측정할 수 있도록 만든 것이 변인임은 앞서 설명한 바와 같다. 여기서는 변인의 종류를 논의하려고 한다. 다양한 종류의 변인을 알고 있으면 연구아이디어를 얻는 데 유리하기 때문이다. 구체적으로 다음과 같은 유형의 변인들이 있다.

1. 독립변인(어떤 결과를 낳는 원인이 되는 변인)과 종속변인(독립변인의 영향을 받아 결과가 되는 변인)

예를 들면, 여자가 남자에 비하여 문자메시지의 사용량이 더 많을 것이다라는 가설은 성별(여자와 남자의 두 유목으로 구성됨)이 문자메시지의 사용량에 영향을 미친다는 의미이기 때문에 성별이 원인에 해당하는 독립변인이며 문자메시지의 사용량이 결과에 해당하는 종속변인이 된다. 많은 사회현상들은 어떤 사회현상에 영향을 미치면서 동시에 다른 사회현상으로부터 영향을 받는 것이 일반적이다. 다시 말하면, 사회현상들은 독립변인과 종속변인의 역할을 함께 수행한다. 따라서 사회현상을 관찰할 때 그 사회현상으로부터 영향을 받는 종속변인에 해당하는 사회현상은 물론 그 사회현상에 영향을 미치는 독립변인에 해당하는 사회현상이 무엇일까를 고민하여야 한다. 독립변인과 종속변인의 관계라는 틀을 고려하면서 사회현상을 관찰할 때 멋진 창의적 아이디어를 찾을 가능성이 있음을 잊지 말아야 한다.

2. 중재변인(mediating variable) — 독립변인이 종속변인에 미치는 영향을 중간에서 매개하는 변인

[그림 3-2]는 독립변인, 종속변인 그리고 중재변인의 관계를 표로 나타낸 그림이다. 중재변인이 있는 경우, 표면적으로 독립변인과 종속변인의 관계가 없거나 혹은 미약한 관계인 것처럼 보이는 경우가 많다. 독립변인과 종속변인이 직접적 관계가 없기 때문이다. 이를 테면, 독립변인과 중재변인의 관계 강도가 0.3이고 중재변인과 종속변인의 관계 강도가 0.4라고 가정한다면 독립변인과 종속변인의 관계 강도는 0.3×0.4인 0.12로 계산된다. 독립변인과 중재변인 및 중재변인과 종속변인의 관계는 0.3 이상으로서 상당히 의미있는 관계라고 해석할 수 있는 반면에, 독립변인과 종속변인의 관계는 0.12 수준이어서 미약하거나 혹은 의미없는 관계로 해석될 가능성이 높다.

직관적으로, 독립변인과 종속변인이 관계가 있을 것으로 추정되지만 실질적으로 이 두 변인은 관계가 없는 것으로 나타난다면 하나의 가능성은 이 두 변인 사이에 중재변인이 존재할 수 있음을 염두에 두어야 한다. 예를 들면, 친밀성과 상대방의 거짓말을 간파하기 간에는 상당히 연관성이 있을 것 같다는 데에 착안하여, 실제 연구를 해 본 결과 친밀성과 상대방 거짓말 간파하기 간에는 아무런 관계가 없다는 것을 발견하였다. 직관적으로는 두 변인이 상당한 관계가 있을 것으로 추정되지만 실증적으로 관계가 없다는 것에 의문을 품은 다른 학자는 이 두 변인 사이에 중재변인이 존재하는 것이 틀림없다고 생각하였다. 고민 끝에 그가 찾은 중재

그림 3-2 독립변인, 종속변인 및 중재변인의 관계

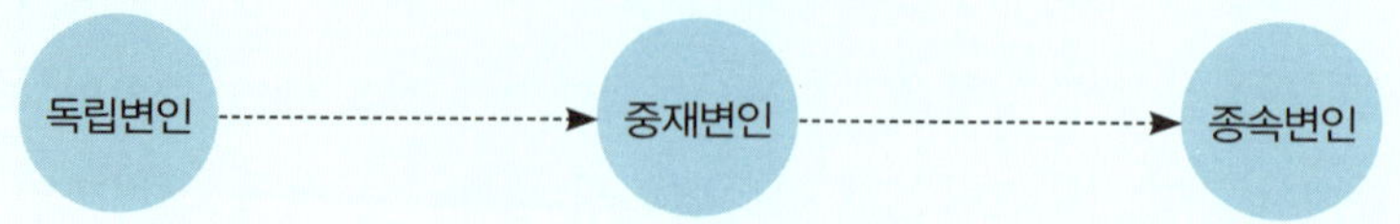

변인은 두 사람이 서로 믿는 정도를 의미하는 신뢰성이라는 변인이었다. 자신의 아이디어가 맞는지 혹은 틀리는지 연구해 본 결과, 친밀성이 신뢰성에 의미있는 긍정적인 영향력을 행사하고 신뢰성이 거짓말 간파에 부정적 영향을 미친다는 사실을 발견할 수 있었다. 그러나 친밀성과 거짓말 간파는 신뢰성을 통한 간접적인 관계만 존재하기 때문에 서로 유의미한 관계가 없다는 것을 알 수 있었다. 요약하면, 독립변인과 종속변인의 관계가 직관적으로 있는 것으로 판단되나 실제로 없거나 미약한 것으로 나타난다면, 이 두 변인 사이에 중재변인이 놓여 있을 가능성을 염두에 두어야 한다. 이러한 고민이 가치있는 창의적 연구아이디어를 발견하는 터전으로 작용할 것이기 때문이다.

3. 조절변인(moderating variable) — 독립변인이 종속변인에게 미치는 효과를 다르게 만드는 조건에 해당하는 변인

어떤 변인의 특정한 조건(혹은 유목)에서 독립변인이 종속변인에 미치는 효과를 단순효과(simple effect)라고 한다. 보통 변인은 두 개 이상의 유목으로 구성되기 때문에, 유목의 수만큼 단순효과가 존재한다. 남자라는 조건에서, 친밀성이 공손한 메시지의 사용에 미치는 효과는 단순효과의 한 예이다. 여자라는 조건에서, 친밀성이 공손한 메시지의 사용에 미치는 효과도 물론 단순효과의 또 다른 예이다. 성별은 남자와 여자라는 두 유목으로 이루어져 있기 때문에 두 개의 단순효과를 유발시킨다. 특정 변인의 유목을 조건으로 하는 단순효과들이 서로 다른 효과의 패턴을 보일 때 상호작용효과(interaction effect)가 있다라고 한다. 예를 들면, 남자의 경우 친하지 않을수록 공손한 메시지를 사용하는 반면에(즉, 남자의 단순효과로서 공손메시지에 대한 친밀성의 부정적 효과), 여자의 경우 친할수록 공손한 메시지를 사용한다면(여자의 단순효과로서 공손메시지에 대한 친밀성의 긍정적 효과) 성별의 두 단순효과는 서로 다른 효과의 패턴을 보이고 있기 때문에 공손 메시지의 사용에 대하여 성별과 친밀성은 상호작용효과를 지닌다고 말한다. 상호작용효과를 유발하는 조건을 구성하는 변인을 조절변인이라고 한다. 우리의 예에선, 성별이 조절변인에 해당한다.

만일 여러 단순효과가 같은 효과의 패턴을 보인다면, 종속변인에 대한 독립변인의 효과를 독립변인의 주효과(main effect)라고 한다. 주효과는 단순효과의 조건을 구성하는 변인이 독립변인과 종속변인의 관계에 아무런 영향을 미치지 못한다는 것을 의미하기 때문에 단순효과를 구성하는 변인을 조절변인이라고 말하지 않는다. 예를 들면, 남자나 여자의 경우, 공손메시지에 대한 친밀성의 효과가 같다면 성별은 공손메시지에 대한 친밀성의 효과에 의미없는 변인이라고 할 수 있다.

연구를 진행하다 보면, 주효과와 상호작용효과가 동시에 존재하는 경우가 많다. 상호작용효과와 주효과가 동시에 존재하는 경우, 주효과는 무시하고 상호작용효과만 해석하는 것이 일반적이다. 종속변인에 대한 독립변인의 주효과는 조절변인이 존재할 때 달라지기 때문에 주효과를 해석하는 것은 정확한 사회현실의 해석이 아니기 때문이다. 단, 예외로 주효과를 해석하는 두 경우가 있다. 하나는 논리적인 면에서 상호작용효과보다 주효과가 더욱 중요한 연구목적이거나 사회현상일 경우이다. 다른 하나는 상호작용효과의 크기에 비하여 주효과의 크기가 압도적으로 큰 경우이다. 이 두 경우 모두는 주효과가 현실적으로 더욱 중요한 사회현실임을 의미하는 경우라고 할 수 있다.

독립변인과 종속변인의 관계를 생각하면서 조절변인을 찾으려는 발상이 연구아이디어를 발견하는 데 많은 도움을 준다. 이론적으로, 어떠한 주효과라도 그 주효과를 변화시키는 조절변인은 존재한다라고 말할 수 있다. 예를 들면, 유명광고모델일수록 더욱 커다란 광고효과를 낳는다는 주효과는 사실이다. 이 명제를 단순히 사실이라고 받아들이면 더 이상 창의적인 연구아이디어를 찾기 어렵다. 대신에 창의적인 연구아이디어를 찾으려면 이 주효과가 거짓인 경우나 조건이 무엇일까, 즉 주효과에 대항할 수 있는 상호작용효과를 유발하는 조절변인은 없을까, 있다면 어떤 요인일까를 고민하면서 조절변인에 해당하는 요인을 찾으려고 끊임없이 노력할 필요가 있다. 이를테면, 어떤 조건에서 유명광고모델의 광고효과가 감소할까를 심사숙고하여야 한다. 수많은 고민과 사색 끝에, 음주운전에 연루된 유명광고모델은

그림 3-3 독립변인, 종속변인 및 조절변인의 관계

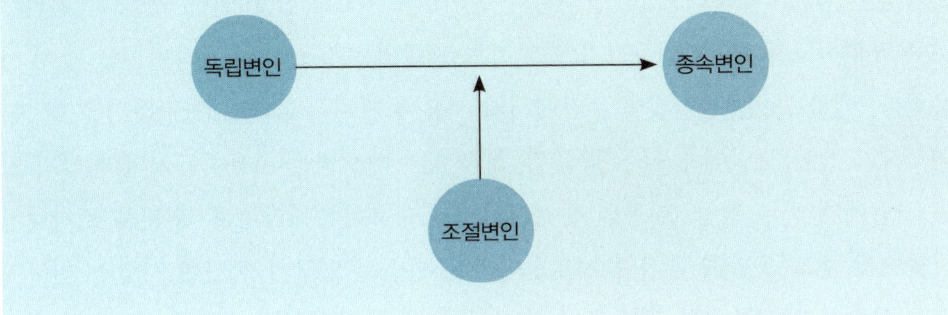

광고효과의 급격한 감소를 불러일으킬 것이다라는 식으로 생각하면서 조건을 찾고 그 조건을 구성하는 조절변인을 찾으려고 노력해야 한다. 이러한 고민과 노력이 훌륭한 창의적 연구아이디어를 찾는 원동력이 될 수 있기 때문이다. [그림 3-3]은 독립변인, 종속변인 그리고 조절변인의 관계를 표로 나타낸 그림이다.

4. 속성변인(attribute variable) — 개념이 지니고 있는 질적 혹은 양적 속성을 있는 그대로 관찰한 변인

속성이란 개념 혹은 사회현상이 지니고 있는 성질을 말하는데, 개념은 그 특성에 따라 양적인 성질을 지니는 경우도 있고 질적인 성질을 지니는 경우도 있다. 예를 들면, 월수입이라는 개념은 한달에 버는 돈을 의미하기 때문에 양적인 속성을 지니는 개념이라고 할 수 있고, 이를 있는 그대로 측정하였다면 변인으로서 월수입은 속성변인이라고 할 수 있다. 친밀성이라는 개념은 두 사람이 서로 친한 정도로 정의할 수 있는데 친한 정도는 양적인 성질이 아니라 질적인 성질이기 때문에 친밀성이라는 개념은 질적인 속성을 지니는 개념이라고 할 수 있다. 그렇지만 친밀성을 변인으로 만들기 위하여 전혀 친하지 않은 사이를 1점 그리고 매우 친한 사이를 7점으로 해서 친한 정도를 측정하였다면 친밀성 변인도 친하다는 질적인 속성을 있는 그대로 측정한 변인으로 볼 수 있기 때문에 속성변인으로 간주된다.

5. 조작변인(active variable)

속성변인과는 대조적으로, 연구자가 인위적으로 조작한 변인을 말한다. 인과관계를 규명하고자 할 때 연구자가 인위적으로 변인을 조작하는 조작변인을 많이 사용한다. 예를 들면, 친밀성이 문자메시지 사용에 미치는 효과를 연구하려고 할 때, 연구자가 친한 사람에게 하루 평균 몇 통의 문자메시지를 사용하는지와 친하지 않은 사람에게 하루 평균 몇 통의 문자메시지를 사용하는지라는 두 질문을 조사대상자들에게 주고 응답케 했다면 친밀성이라는 변인은 연구자가 친한 사람과 친하지 않은 사람이라는 구체적 값을 조사대상자들에게 인위적으로 만들어서 주었기 때문에 친밀성이라는 변인은 연구자에 의하여 조작된 변인이라고 할 수 있다. 연구시 조작변인이 있는 경우, 실험연구라고 하며 조작변인은 반드시 독립변인이 된다. 반면에 속성변인은 독립변인과 종속변인 모두가 될 수 있다.

6. 가외변인(extraneous varibale)

독립변인 이외에 연구자가 모르는 사이에 종속변인에게 영향을 미치는 변인을 가외변인이라고 한다. 연구하는 중에 연구자가 방법론적 실수를 해서 주로 발생하는 변인이다. 연구자가 알았다면 당연히 가외변인을 통제 혹은 제거했을 것이다. 이런 점에서 가외변인은 연구자가 미처 파악하지 못한 변인이자 자신의 연구에서 발생했는지도 몰랐던 변인이라고 할 수 있다. 예를 들면, 흡연자와 비흡연자의 체력에 차이가 있는지를 조사하려는 연구를 한다고 하자. 1,000m 오래 달리기, 철봉에 매달리기, 윗몸 일으키기 그리고 50m 달리기를 측정하여 흡연자와 비흡연자의 체력을 조사하기로 하였다고 하자. 체력을 측정하는 시간을 절약하기 위하여 비흡연자의 체력은 철봉에 매달리기, 50m 달리기, 철봉에 매달리기 그리고 1,000m 오래 달리기 순으로 측정한 반면에, 흡연자는 1,000m 오래달리기, 50m 달리기, 윗몸 일으키기 그리고 철봉에 매달리기 순으로 측정하였다. 이 연구에서 발생할 수 있는 가외변인은 매우 많다. 예를 들면, 흡연한 기간, 조사에 참여한 표본의 나이, 흡연자와 비흡연자의 선천적 체력 조건의 차이 등은 독립변인인 흡연유무가 종속

그림 3-4 독립변인, 종속변인 및 가외변인의 관계 1

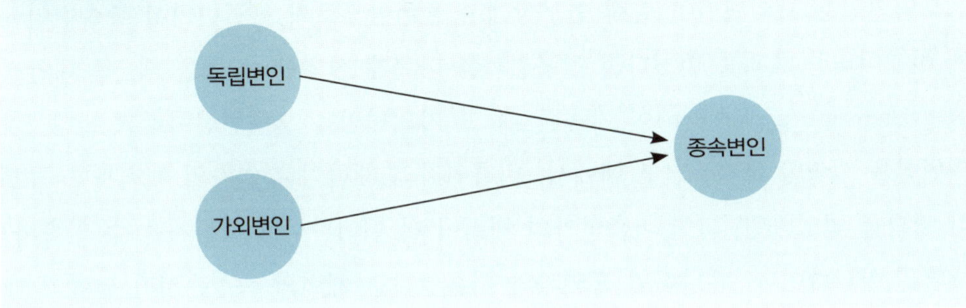

변인인 체력에 영향을 미칠 수 있는 효과에 예기치 않게 영향을 줄 수 있는 가외변인들이다. 가외변인이 독립변인이 종속변인에 미치는 효과에 영향을 가하는 방식은 크게 보면 두 가지이다. 하나는 독립변인과 함께 그리고 동시에 종속변인에 영향을 미치는 형태이다. 이를 그림으로 요약하면 [그림 3-4]로 나타낼 수 있다. 반면에 또 다른 방식은 가외변인이 독립변인과 종속변인 모두에 영향을 미침으로써 독립변인이 종속변인에 미치는 효과가 없음에도 불구하고 마치 독립변인이 종속변인에 영향을 미치는 것처럼 보이게 만드는 형태이다. 이 때 독립변인이 종속변인에 미치는 효과를 거짓효과(또는 허위효과, spurious effect)라고 한다. 이를 그림으로 나타내면 [그림 3-5]와 같다.

그림 3-5 독립변인, 종속변인 및 가외변인의 관계 2(거짓효과)

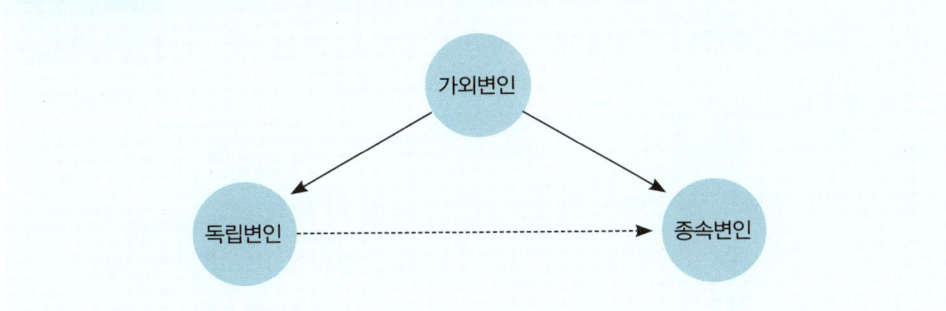

7. 오염변인(confounding variable)

오염변인은 가외변인이 실제 연구상에서 출현함으로써 독립변인이 종속변인에게 이러이러한 효과를 미쳤다는 연구결과를 다르게 설명할 수 있을 때, 즉 대안적 설명(alternative explanation)이 가능할 때 그 가외변인을 오염변인이라고 한다. 가외변인을 설명할 때 든 연구 예에서, 비흡연자의 체력이 흡연자의 체력보다 양호한 결과를 얻었다면, 과연 비흡연자의 체력이 더 뛰어나다고 결론지을 수 있을까? 대답은 아니다이다. 왜냐하면 흡연자와 비흡연자간 체력의 측정순서가 달랐기 때문이다. 1,000m 오래 달리기를 하고 나면 피로도가 증가하여 다른 체력테스트의 결과가 평소보다 좋지 않게 나왔을 가능성을 배제할 수 없다고 할 수 있다. 따라서 흡연유무가 체력의 차이를 야기한 것이 아니라 피로도가 체력의 차이를 야기하였다는 연구결과에 대한 대안적 해석이 가능하다. 이런 이유에서 일종의 가외변인인 피로도를 오염변인이라고 한다.

핵심개념 독립변인, 종속변인, 중재변인, 조절변인, 속성변인, 조작변인, 가외변인, 오염변인, 각 변인의 차이점

2. 과학적 방법론의 연구과정과 오류

(1) 과학적 방법론의 일반적인 연구과정과 단계

물론, 연구목적과 연구주제에 따라 약간은 달라질 수 있지만, 과학적 방법을 이용하는 연구는 통상적으로 네 과정을 거친다. 첫 번째 과정은 이론화 단계이다. 이 과정은 개념들과 개념적 정의를 소개한 후 이론적 논리를 근거로 명제를 도출하는 단계이다. 이 과정은 제2장에서 자세히 이미 언급한 바 있다.

두 번째 과정은 조작화 단계이다. 위에서 설명한 바와 같이, 명제의 진위 여부를 검증하기 위하여 관찰할 수 없는 추상적 개념을 관찰하고 측정할 수 있는 변인으

그림 3-6 과학적 연구의 일반적 과정

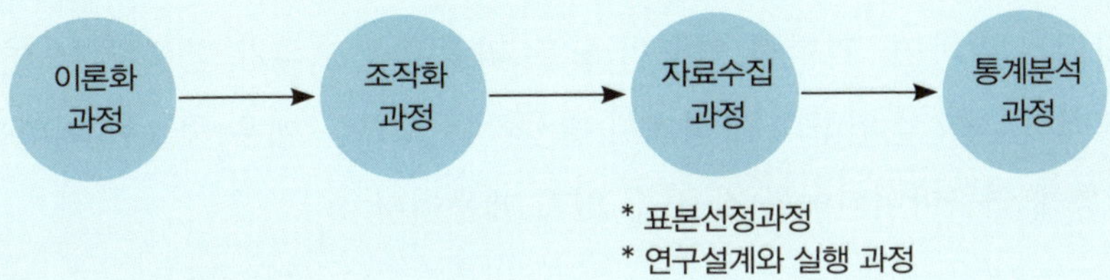

로 전환시키는 과정이 조작화 과정이다.

세 번째 과정은 자료를 수집하는 단계이다. 조작화를 통해 만들어진 변인을 사회현실에서 직접 관찰하고 측정함으로써 자료를 수집하는 단계이다. 자료수집 과정은 다시 두 단계로 나뉜다. 하나는 자료 수집을 위하여 표본을 선정하는 과정이다. 다른 하나는 자료를 직접 수집하기 전에 미리 자료를 어떤 절차로 수집할 것인지를 계획하는 이른바 연구 설계(research design)의 과정과 실행 과정이다. 다시 말하면, 이 단계는 표본을 뽑고 이들을 대상으로 미리 계획한 연구 설계대로 실행함으로써 자료를 수집하는 과정이라고 할 수 있다.

마지막 과정은 수집된 자료를 통계적으로 분석하는 이른바 통계분석 단계이다. 통계를 활용하여 자료를 분석함으로써 변인들 간의 관계인 가설의 진위 여부를 규명하고, 이를 통해서 명제의 참과 거짓을 추론하는 과정이다. 요약하면 과학적 방법을 이용하여 연구를 하는 경우, 이론화 과정, 조작화 과정, 자료수집을 연구 설계 과정 및 통계분석 과정이라는 네 과정을 통해 이루어지는 것이 일반적이라고 할 수 있다. 이를 도표화해서 정리하면 다음의 [그림 3-6]과 같다.

핵심개념 이론화 과정, 조작화 과정, 자료수집 과정, 표본선정 과정, 연구설계와 실행 과정, 통계분석 과정

(2) 과학적 연구의 과정과 방법론적 오류

과학적 연구방법을 통한 연구과정에는 방법론적 오류가 태생적으로 존재한다. 약간 과장되게 말하면, 과학적 연구의 모든 과정에서 오류가 발생한다. 연구아이디어 관점에서 과학적 연구의 과정에서 발생하는 오류는 매우 중요한 의미를 지닌다. 이를 통해 연구아이디어를 찾을 수 있기 때문이다.

1) 측정오차

첫 번째 오류는 조작화 과정에서 일어난다. 조작화 과정은 변인으로 구성된 가설을 이용하여 명제를 실증적으로 검증하기 위하여 부득이 필요한 과정이다. 명제를 검증하는 이 방식은 상당한 오류를 포함한다. 구체적으로, 이 오류는 개념과 변인이 일치하지 않는 데에서 비롯된다. 관찰할 수 없는 개념을 관찰할 수 있도록 만든 변인이 서로 완벽하게 일치할 수 없다는 것은 자명하다. 이 불일치의 크기가 개념과 변인 간 오류의 크기라고 할 수 있다. 이 오류의 크기는 변인을 얼마나 잘 만들었느냐에 따라 좌우되지만, 여하간 이 과정에서 불가피하게 오류가 발생할 수밖에 없다. 이 오류로 인하여 가설이 참이라고 해서 명제가 반드시 참인 것은 아니라고 할 수 있다. 즉, 변인과 개념이 불일치하기 때문에 변인들 간의 관계인 가설이 참이라는 결과를 얻었다고 해도 명제는 거짓일 수 있다. 개념과 변인 간의 불일치로 인한 오류가 크다면 명제와 가설도 불일치할 가능성이 높기 때문이다. 좀 과장하면, 이로 인하여 우리가 배우는 그리고 알고 있는 모든 명제는 참이 아니다라고 말할 수 있다. 따라서 명제를 배울 때마다 이 명제는 참이라고 할 수 있는가, 참이 아니라면 어떤 조건에서 거짓인가, 특정 조건에서 거짓이라고 말할 수 있는 논리적 근거는 무엇인가 등에 대한 의문을 제기하여야 한다. 이러한 의혹과 비판은 멋진 연구아이디어를 찾는 원천이다. 그래서 사회과학도의 중요한 자질 중 하나가 비판정신이라고 말하는 이유가 여기에 있는 것이다.

개념과 변인 간의 불일치로 인하여 발생하는 오류를 측정오차(measurement error)라고 한다. 과학적 연구의 성패를 가름하는 잣대는 많지만, 그중 하나가 측정오차를 얼마나 최소화시킬 것인가에 달려 있다. 바꾸어 말하면, 기존 연구가 얼마나 잘된 연구이냐를 평가하는 하나의 기준이 측정오차이기 때문에 기존 논문을 읽을 때마다 개념과 변인 간의 불일치 정도인 측정오차를 꼼꼼히 따져보아야 한다. 이 작업은 연구아이디어를 우리에게 던져준다는 점에서 매우 중요하다고 할 수 있다.

2) 표집오차와 연구설계오차

자료수집과정에서도 방법론적 오류가 발생한다. 자료수집과정이 표본 선정의 과정과 연구설계와 실행의 과정으로 이루어지기 때문에 오류도 표본수집의 과정으로부터 발생되는 오류와 연구설계와 실행의 과정으로부터 발생하는 오류의 두 종류가 있다. 전자의 오류를 표집오차(sampling error)라고 하며 후자의 오류를 연구설계오차(design error)라고 한다. 과학적 연구를 수행하는 입장에서, 측정오차처럼 표집오차와 연구설계오차를 최소화하려는 모든 노력을 기울여야 한다. 반면에 기존 논문을 읽을 때에는 그 연구가 지니고 있는 표집오차와 연구설계오차가 어느 정도인지, 어디에서 그리고 왜 그러한 오차들이 발생하고 있는지를 심사숙고하며 비판적으로 읽어야 한다. 이러한 노력이 연구아이디어를 얻는 첫 걸음이기 때문이다.

3) 통계분석 과정의 오차

과학적 연구의 마지막 과정인 통계분석 과정도 오류를 발생시키는 원인의 하나라고 할 수 있다. 자료분석할 때 사용하는 통계 공식이 개념적으로 오류를 내포하고 있기 때문이다. 통계란 기본적으로 어느 정도의 오차를 허용하는 자료분석 기법이다. 통계분석 결과가 오차를 포함할 수밖에 없는 원인은 여러 이유가 있다. 우선 실제 사회에서 일어나는 사회현상은 수량화시킬 수 없는 질적인 현상임에도 이를 수량화시켜 통계분석한다는 데에서 오류가 기인한다. 둘째 개념들이나 혹은 변인들이나 관계없이 이들이 관계가 있다는 통계적 결론은 100% 참일 수 없기 때문이다. 왜냐하면 실제 사회현상들은 다양한 사회현상들로부터 영향을 받고 영향을 주는 복잡다단한 형태로 얽히고설켜 있기 때문이다. 이런 측면에서 하나의 사회현상이 또 다른 하나의 사회현상과 이러이러한 관계가 있다는 말은 어느 정도 관계가 있다는 의미이지 완벽한 관계가 있다는 의미가 아니라고 할 수 있다. 따라서 통계적 결론은 언제나 관계가 없을 가능성도 동시에 내포하고 있는 것이다. 끝으로, 통계공식은 대부분 기술적 오류를 지니고 있다. 예를 들면, 어떤 통계공식은 표본의 크기에 예민하게 반응하기도 하고, 어떤 통계공식은 외톨이 자료인 일명 국외자(outlier)에 민감하게 영향을 받기도 한다. 이러한 공식 자체가 지니는 한계도 통계분석의 오차를 야기하는 원인이 될 수 있는 것이다. 따라서 기존 논문을 읽을 때 통계분석상의 한계와 문제점을 유념하면서 찾으려는 노력을 기울여야 한다. 이러한 작업도 역시 연구아이디어를 찾는 단초가 된다.

요약하면, 과학적 연구 과정은 필연적으로 오류를 수반한다고 할 수 있다. 연구 과정 중에 측정오차, 표집오차, 연구설계오차 그리고 통계분석의 오차 등이 발생할 가능성은 언제나 유효하다. 따라서 기존 연구들을 읽으면서 공부할 때 이러한 오차들을 찾으려고 노력하여야 한다. 기존 논문으로부터 오류들을 쉽게 찾는 방법은 세상(사회현상들)과 방법론에 대한 많은 지식을 습득하는 것 이외에는 다른 방법이 있을 수 없다. 그래도 꼭 하나의 요령을 알려달라고 한다면, 논문을 읽을 때 연구자의 입장에서 읽으면서 그 논문을 완벽히 이해한 후 그 논문의 오류를 찾으라는 것이다. 완벽한 이해가 없으면 문제점을 결코 발견할 수 없기 때문이다. '완벽하게 이해한 후, 비판하기'가 오류를 찾는 요령이라고 할 수 있다. 이렇게 해서 발견한 기존 연구의 오류가 새로운 연구아이디어의 원천이 되는 것이다. 다음 장부터는 이들 오차에 대해 하나씩 살펴봄으로써 독자 여러분들이 오차에 관한 방법론적 지식을 습득할 수 있도록 도와주려고 한다. 오차에 대한 지식은 연구아이디어를 찾는 요령의 토대이기 때문이다.

핵심개념 측정오차, 표집오차, 연구설계오차, 통계분석의 오차

생각해 볼 문제

1. 과학적 연구의 기본 목표는 무엇인가? 변인의 종류로써 그 기본 목표를 표현한다면 어떻게 말할 수 있을까?
2. 과학적 연구의 과정은 무엇인가? 과학적 연구의 과정과 과학적 연구논문의 구성은 어떠한 관계가 있을까?
3. 과학적 방법론의 연구 과정에서 발생할 수 있는 오류는 무엇인가?
4. 실제 논문을 읽고, 과학적 방법론의 연구 과정을 찾아보자
5. 기존의 과학적 연구 논문을 읽고, 개념을 측정하기 위하여 변인을 어떻게 설정하였는지를 말해보자
6. 기존의 연구논문은 어떠한 자료수집의 과정(표본선정과 자료수집의 계획과 실행)을 이용했는지 찾아보자
7. 기존의 연구논문은 어떠한 통계분석의 과정을 활용했는지 찾아보자.
8. 질문 5, 6, 7을 이용하여 기존 논문이 지니고 있는 문제점과 오류를 찾아보자

Chapter 4

측정오차와 연구아이디어

측정오차가 무엇인지, 측정오차가 왜 발생하는지 그리고 측정오차가 발생하면 연구결과에 어떠한 영향을 미치는지 등을 정확히 이해하면 연구아이디어를 찾는 데에 많은 도움을 받을 수 있다. 이 장에서는 측정오차를 이용하여 연구아이디어를 찾는 요령을 서술하려고 한다. 아이디어란 곧 사고이기 때문에 연구아이디어를 얻는 가장 중요한 핵심은 생각하는 능력임은 말할 나위 없다. 다만 사유는 무(無)에서 이루어질 수 없기 때문에 사유를 자극하고 이끌어 줄 뭔가가 필요하다. 우리가 연구아이디어를 생성하는 데에 활용할 수 있는 그 뭔가가 바로 방법론적 지식과 우리가 관심을 가지고 있는 주제나 사회현상에 대한 지식이라고 할 수 있다. 즉, 연구아이디어를 찾는 데 유용한 자극체가 방법론적 지식과 관심분야에 대한 지식인 것이다. 이 책이 방법론적 지식에 초점을 맞추고 있는 까닭이 바로 이것이다. 연구아이디어의 관점에서 방법론적 지식을 제공하려는 것이 이 책에서 하려는 작업인 것이다. 이 장에서는 측정오차에 숨겨져 있는 모든 비밀을 풀어 헤쳐 보려고 한다. 그리고 측정오차에 대해 배운 내용과 지식을 실전적으로 체득할 수 있도록 이 장의 끝부분에 측정오차와 관련된 실전 연습문제를 만들어 두었다. 연습문제는 방법론적 지식을 익히고 동시에 사유하는 훈련에 많은 도움을 줄 것이다. 혼자 충분히 생각하면서 풀었으면 한다. 답에 대한 궁금증이 있다면, 저자에게 문의하기 바란다. 이 장을 다 공부하고 나면, 다음의 내용을 알게 될 것이다.

- 측정오차란 무엇인가
- 측정오차를 평가하는 기준
- 측정오차로 인해 발생하는 연구의 문제점
- 측정오차와 연구아이디어
- 측정도구를 만드는 연구의 방법

1. 측정오차와 과학적 연구의 문제점

이미 앞에서 지적한 바와 같이, 과학적 연구는 가설을 통해 명제를 검증하기 위하여 측정할 수 없는 개념을 측정할 수 있는 변인으로 바꾸는 모순적 과정을 수반한다. 측정오차는 이 모순적 과정 때문에 발생한다. 측정오차란 관찰할 수 있는 변인과 관찰할 수 없는 개념 간의 차이를 의미한다. 따라서 측정오차를 ①과 같이 수식으로 표현해 볼 수 있다. 오차의 관점에서 보면, 변인은 측정하고자 하는 개념과 일치하는 부분(즉, 개념을 잘 대표하는 부분)과 개념과 불일치하는 부분의 합으로 볼 수 있다. 이를 [그림 4-1]과 같이 그림으로 나타낼 수 있다.

측정오차=변인-개념이므로

변인=개념(일치하는 부분)+측정오차(개념과 불일치하는 부분) ········ ①

모든 과학적 연구는 측정오차로부터 자유로울 수 없다. 과학적 연구는 검증의 과정을 거쳐야 하고 이 과정에서 부득이 개념을 변인으로 바꿔야 하기 때문이다. 연구에 따라 단지 측정오차가 크냐 혹은 무시할 수 있을 정도로 작으냐 하는 정도의 차이만 있을 뿐이다. 변인과 개념 간의 관계는 태생적으로 오류를 포함하고 있

그림 4-1 측정오차와 변인이 제대로 개념을 측정하는 부분

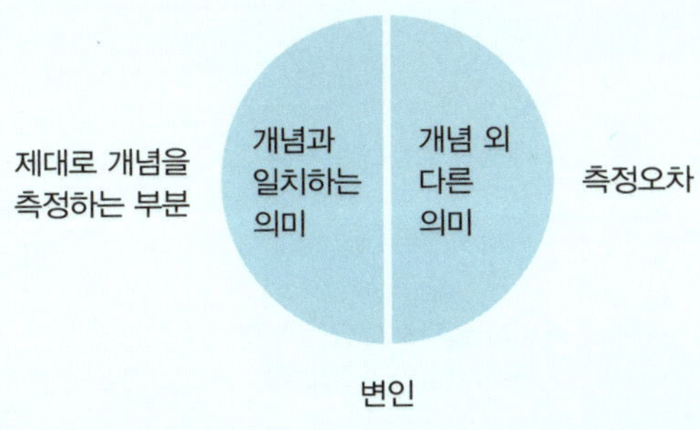

기 때문에 측정오차가 언제나 발생하기 마련인 것이다.

측정오차가 크면 클수록, 과학적 연구의 관점에서 보면 더욱더 심각한 여러 문제점이 발생한다. 우선 가설을 이용하여 결론짓는 명제의 검증 결과를 믿을 수 없다는 과학적 연구의 치명적인 문제점이 일어날 가능성이 있다. 측정오차가 큰 변인은 개념을 잘 대표하지 못하기 때문에 개념과 다른 사회현상을 관찰할 개연성을 배제하기가 어렵다. 개념과 연관성이 없는 엉뚱한 사회현상을 적어도 어느 정도 관찰하고 이를 통하여 가설의 진위 여부를 판단하였다면 가설을 통한 명제의 참과 거짓에 대한 추론은 정도의 차이만 있을 뿐 거짓을 내포하고 있다고 말할 수 있다. 따라서 측정오차가 큰 변인을 이용하여 수행한 가설 검증과 이로부터 결론지은 명제의 검증 결과는 액면 그대로 받아들이기가 어렵다고 할 수 있다.

둘째, 연구결과에 영향을 미칠 수 있는 오염변인이 존재할 가능성이 커진다는 문제점이 발생할 가능성이 있다. [그림 4-2]에서 볼 수 있듯이, 측정오차가 큰 변인은 관찰하고자 하는 개념이외에 다른 뭔가를 포함하고 있다. 이 다른 뭔가가 때에 따라서 종속변인에 영향을 미치는 오염변인을 발생시키는 원인으로 작동할 수 있다. 제3장에서 이미 지적한 바와 같이, 독립변인 이외에 다른 변인이 종속변인에게 영향을 미쳤을 가능성이 있을 때 연구결과인 종속변인의 효과에 영향을 미친 바로 그 다른 변인을 오염변인이라고 한다. 개념 이외에 변인에 포함된 다른 뭔가

그림 4-2 독립변인의 측정오차가 큰 경우, 독립변인과 종속변인의 관계

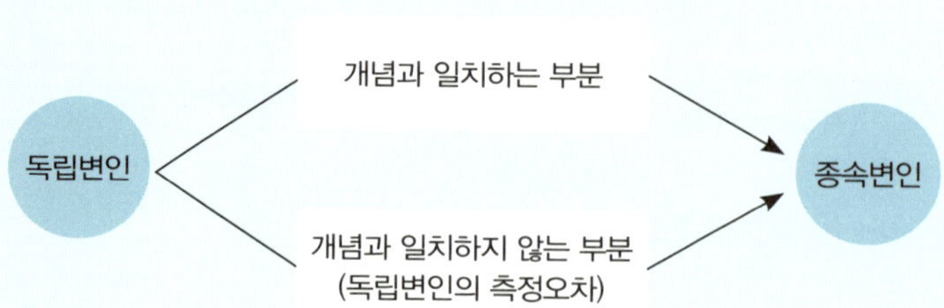

가 종속변인에 영향을 미칠 수 있는 오염변인으로 작용할 수 있기 때문에, 측정오차는 연구결과에 심각한 문제점을 야기할 수 있는 것이다. 측정오차가 클수록 오염변인이 존재할 개연성이 더욱 증가하고, 오염변인의 발생 가능성이 커질수록 연구가 제시한 가설과 명제의 검증 결과를 믿을 수 없게 되는 것이다.

보다 더 구체적으로, 가설의 관점에서 과학적 연구의 문제점을 다시 이야기해 보자. 가설은 적어도 두 개 이상의 변인이 등장하기 때문에 가설은 적어도 두 개 이상의 측정오차를 지닐 가능성이 있다. 만일 가설이 한 개의 독립변인과 한 개의 종속변인으로 구성되어 있다면, 독립변인과 종속변인 모두에 측정오차가 존재할 수 있다는 말이다.

이 때, 측정오차의 크기와 관련하여 가설을 살펴보면 세 가지의 가능성이 존재한다. 하나는 독립변인만 측정오차가 문제시되는 경우, 다른 하나는 종속변인만 측정오차가 문제시되는 경우 그리고 나머지 하나는 독립변인과 종속변인의 측정오차 모두가 문제시되는 경우가 그것이다. 먼저 종속변인의 측정오차는 무시할 수 있을 정도로 작아서 문제되지 않지만, 독립변인의 측정오차가 커서 문제가 되는 경우를 보자. 이는 독립변인이 관찰하려는 원래의 개념의 부분과 그렇지 못한 부분으로 구성된다는 것을 의미한다. 독립변인의 측정오차가 크다는 말은 그렇지 못한 부분이 무시할 수 없을 정도로 크다는 것을 의미하기 때문에 [그림 4-2]에서 보듯이, 바로 이 부분이 종속변인에 영향을 미치는 오염변인으로 작용할 수 있다. 이런 이유에서 독립변인이 측정오차를 지니고 있다면, 이를 이용하여 검증된 가설 혹은 명제는 액면 그대로 받아들이기 어렵다. 측정오차로 인해 발생한 오염변인도 종속변인에게 영향을 미쳤을 가능성이 있기 때문이다. 따라서 독립변인이 측정오차를 지니고 있는 경우, 때에 따라서는 연구에서 제시한 명제를 재검증하는 연구를 다시 수행해야 할 수도 있고 혹은 연구 결과에 대한 대안 가설의 존재 가능성을 면밀히 검토한 후 필요시 기존 연구를 보완하는 후속 연구를 실시해야 할 수도 있다.

두 번째 경우로서, 독립변인의 측정오차는 무시할 수 있는 정도로 작아서 문제가 되지 않지만 종속변인의 측정오차가 큰 경우를 생각해 보자. 이 경우에는 독립

그림 4-3 종속변인의 측정오차가 큰 경우, 독립변인과 종속변인의 관계

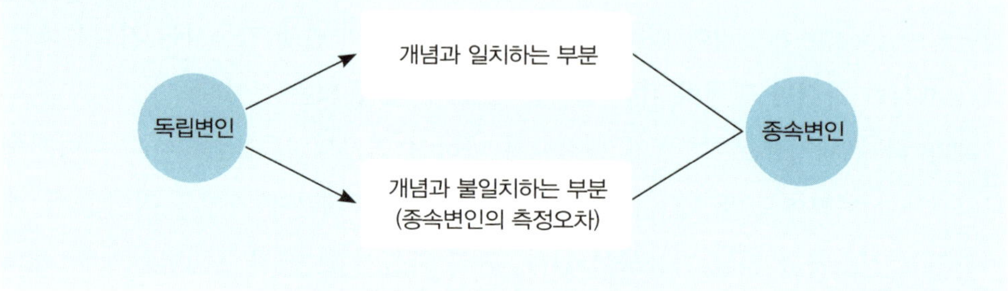

변인은 제대로 측정되었기 때문에 종속변인에 영향을 미치는 가외변인의 존재 가능성은 없고 따라서 오염변인의 존재도 우려할 필요가 없다. 단지, 독립변인이 종속변인에 미치는 연구결과는 [그림 4-3]에서 볼 수 있듯이, 두 가지 가능성을 지니게 된다. 하나는 정말로 독립변인이 종속변인에게 영향을 미쳐서 그러한 연구결과가 나왔을 가능성이다. 다른 하나는 독립변인이 관찰하고 측정하고자 하는 종속변인이 아닌 부분에 영향을 미쳐서(즉, 종속변인의 측정오차 부분) 그러한 연구결과가 나왔을 가능성이다. 만일 전자의 경우라면, 연구상 별로 문제가 없다. 독립변인이 의도한 대로 종속변인에 영향을 미치고 있다라고 결론을 내릴 수 있는 것이다. 그러나 후자의 경우라면, 이야기가 다르다. 연구결과가 종속변인에 대한 독립변인의 효과를 의미하는 것이 아니라 종속변인의 측정오차 부분에 대한 효과를 뜻하는 것이기 때문에 검증 결과를 그대로 받아들일 수 없고 그래서 종속변인에 대한 독립변인의 효과를 재검증하는 연구가 다시 이루어져야 할 것이다. 더 나아가서, 종속변인의 측정오차 부분이 특정한 개념과 연관될 수 있음을 추정할 수 있는 경우(즉 종속변인의 측정오차가 우연스럽게 특정 개념의 변인 역할을 하고 있다고 추정되는 경우), 종속변인의 측정오차로 인하여 본의 아니게 연구결과가 독립변인과 종속변인의 측정오차로 대표되는 특정개념의 관계를 의미할 수도 있다. 따라서 이러한 가능성이 있을 경우는 측정오차에 대한 독립변인의 효과를 검증하는 후속연구도 고려해 볼 수 있다.

그림 4-4 독립변인과 종속변인의 측정오차 모두가 큰 경우, 독립변인과 종속변인의 관계

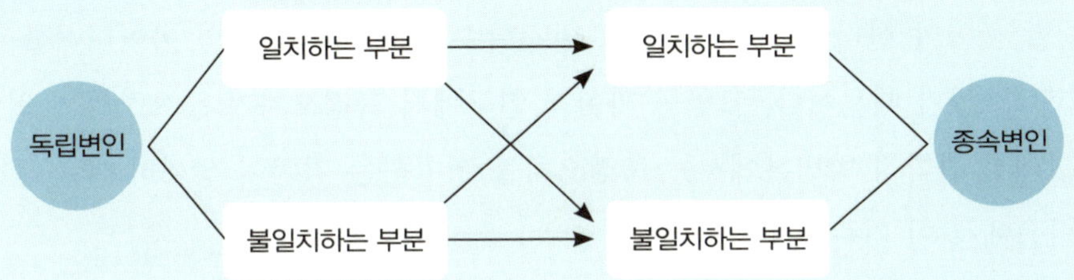

마지막으로 독립변인과 종속변인의 측정오차가 모두 무시할 수 없을 정도로 큰 경우, 왜 그러한 연구결과가 나왔느냐는 해석은 위의 첫 번째 경우와 두 번째 경우의 가능성을 모두 포함한다. 구체적으로 [그림 4-4]에서 볼 수 있듯이, 독립변인의 일치하는 부분이 종속변인의 일치하는 부분에 영향을 미쳐서 그러한 연구결과가 나왔을 가능성, 독립변인의 일치하는 부분이 종속변인의 일치하지 않는 부분에 영향을 미쳐서 그러한 연구결과가 나왔을 가능성, 독립변인의 불일치하는 부분이 종속변인의 일치하는 부분에 영향을 미쳐서 그러한 연구결과가 나왔을 가능성 및 독립변인이 불일치하는 부분이 종속변인의 불일치하는 부분에 영향을 미쳐서 그러한 연구결과가 나왔을 가능성이 있다. 이 넷 중 맨 앞의 경우를 제외한 나머지 가능성의 경우라면 연구결과를 믿을 수 없기 때문에 재검증의 연구가 필요할 수 있다. 또한, 경우에 따라서는 오염변인의 유무를 판단한 후 오염변인이 있을 수 있다면, 기존연구를 보완하는 후속연구를 수행하는 것도 고려해 볼 수 있다.

위 경우에서 보듯이, 변인을 잘못 만들면 연구를 다시 해야 하기 때문에 변인은 개념을 잘 대표하도록 만들어서 측정오차를 최소화시키도록 노력해야 한다. 측정오차를 줄이는 요령은 개념적 정의와 조작적 정의를 최대한 일치시키는 것이다. 이를 위해 먼저 측정하고자 하는 개념과 개념적 정의를 완벽하게 이해해야 한다. 개념을 완전히 이해하지 못한 채 변인을 만들기란 사실상 불가능하기 때문이다. 그러나 역설적으로 이러한 측정오차는 기존연구를 보완하는 후속의 새로운 연구

를 이끄는 단초를 제공한다. 과학적 연구를 수행하는 입장에서는 측정오차를 줄이는 것이 매우 중요한 과제인 반면에, 연구아이디어를 찾으려는 입장에서는 측정오차를 잘 찾아야 한다. 측정오차를 잘 발견할수록 새로운 연구의 아이디어를 쉽게 생성할 수 있기 때문이다. 그만큼 과학적 연구에서 측정오차가 중요하다는 의미이다. 그래서 과학적 방법론에서는 측정오차를 평가하는 기준이 상세히 마련되어 있다. 다음에서 이 기준을 논의해 보자.

핵심개념 측정오차, 개념과 일치하는 부분/개념과 불일치하는 부분, 측정오차와 연구아이디어의 관계

2. 측정오차를 평가하는 기준－타당도와 신뢰도

누차 강조했듯이, 측정하기 어려운 개념을 관찰하고 측정할 수 있도록 도와주는 것이 변인의 역할이다. 변인이 제 역할을 제대로 하지 못하면, 과학의 연구결과는 심각한 결함을 지닐 수밖에 없다. 방법론적 관점에서 성공적인 과학적 연구의 출발은 변인을 제대로 만들었는지에 달려 있다고 해도 지나친 말이 아니다. 그만큼 변인을 제대로 만드는 작업이 과학적 연구에서 중요하다는 것이다.

변인이 제대로 만들어졌는지를 평가하는 두 기준이 있다. 신뢰도와 타당도가 그것이다. 연구자가 만든 변인이 높은 신뢰도와 타당도를 지니면 그 변인의 측정오차가 상대적으로 작다고 말할 수 있다. 따라서 신뢰도와 타당도는 변인의 측정오차를 평가하는 방법이라고도 할 수 있다. 비록 다양한 측정도구가 있지만, 사회과학에서 가장 많이 사용하는 측정도구는 질문이라고 할 수 있다. 이러한 점을 고려해서 질문이라는 변인이자 측정도구를 이용하여 신뢰도와 타당도를 평가하고 검토하는 방법을 간략히 살펴보기로 하자.

(1) 신뢰도와 그 평가방법

신뢰도란 측정도구(사회과학이나 커뮤니케이션과학에서는 주로 질문들)를 이용해서 측정한 결과를 믿을 수 있는 정도로 정의된다. 측정도구는 변인의 조작적 정의를 이용해 만든다. 사회과학이나 커뮤니케이션과학 혹은 언론정보학에서 가장 많이 사용하는 측정도구의 형태는 질문이다. 예를 들면, 친밀성이라는 개념을 측정하기 위하여 친밀성 변인을 '서로 대화하는 시간의 양'으로 조작적 정의를 내렸다면 '당신은 당신의 짝과 하루 평균 몇 분 정도 대화하십니까'라는 질문의 측정도구를 만들 수 있다. 이런 점에서 변인과 측정도구는 거의 동일한 용어로 이해해도 무방하다.

측정도구를 이용해서 측정한 결과를 믿을 수 있는 정도라는 신뢰도의 개념적 정의가 지니는 뜻은 같은 측정도구를 이용하여 여러 번 반복 측정하더라도 응답자들이 일관성있는 혹은 동일한 응답을 하는 정도라는 뜻이다. 구체적으로, 시간적 간격을 두고 같은 질문을 두 번 물어보았을 때 그 질문에 대해 많은 응답자들이 같은 응답을 했다면 신뢰도가 높은 질문 혹은 측정도구라고 한다.

신뢰도를 평가하는 방법은 크게 보면 두 방식이 있다. 하나는 검사-재검사법(test-retest method)이라는 방식이다. 이는 같은 조사대상자들에게 시간적 간격을 두고 같은 질문을 두 번 해서 신뢰도를 알아보는 방법이다. 두 번의 응답이 어느 정도 일치하는지를 상관계수라는 통계로 계산하여 신뢰도를 파악한다. 시간이 지나가도 변화하지 않는 응답을 안정성있는 응답이라고 하기 때문에 이 기법은 안정성(stability)이라는 개념에 기반한 평가방법이라고 한다.

다른 하나는 반분 검사법(split-half method)이라는 방식이다. 이는 같은 응답자들에게 동일 시간대에 같은 질문을 두 번 묻고 이 응답(값)들이 일치하는 정도를 역시 상관계수로 계산하여 그 결과를 가지고 측정도구의 신뢰도를 겸토하는 방법이다. 같은 시간대에 일관성이 있는 응답을 동등성이 있는 응답이라고 하기 때문에 이 기법은 동등성(equivalence)이라는 개념에 기초한 평가기법이라고 한다. 물론,

두 방법 모두 상관관계라는 통계기법을 이용하여 응답이 일치되는 정도를 계산하기 때문에 신뢰도의 정도가 수치로 나타난다. 계산된 신뢰도의 수치는 0과 1 사이의 값을 가지며 1의 값에 가까울수록 신뢰도가 높은 측정도구라고 말할 수 있다. 각각의 신뢰도 평가기법은 장단점이 있고 여러 변형기법도 있으나 이 책이 추구하는 연구아이디어 찾는 방법과는 직접적인 연관성이 적다. 오히려 신뢰도라는 개념과 그 측정원리를 이해하는 것이 연구아이디어를 찾는 요령을 터득하는 데에 중요하기 때문에, 여기서는 더 이상 논의하지 않고 마무리하려고 한다.

핵심개념 신뢰도, 안정성, 동등성, 검사-재검사법, 반분검사법

(2) 타당도와 평가방법

타당도란 측정도구가 측정하고자 하는 개념을 제대로 측정하고 있는 정도로 정의할 수 있다. 개념의 의미에 해당하는 개념적 정의와 측정도구의 의미인 조작적 정의가 의미적인 측면에서 일치할수록 측정도구가 개념을 올바르게 측정하고 있을 가능성이 크다. 이런 면에서, 신뢰도는 응답자들의 응답에 초점을 맞추는 측정오차의 평가기준이라고 할 수 있는 반면에, 타당도는 개념과 측정도구(변인)의 의미에 초점을 맞추는 평가기준이라고 할 수 있다.

타당도를 평가하는 방법도 여러 가지가 있다. 크게 주관적으로 평가하는 방법과 객관적으로 평가하는 방법이 있다. 여기서는 평가방법을 모두 서술하지 않고 중요한 몇 가지만 설명하려고 한다. 저자의 주관적 관점에서, 주관적인 평가방법으로 가장 좋은 평가기법은 표면타당도(face validity)인 것 같다. 이 기법은 변인의 조작적 정의와 개념의 개념적 정의가 의미상 어느 정도 일치하는지를 따져 봄으로써 타당도를 평가하는 기법이다. 의미의 일치 여부를 따지는 방법으로는 개념적 정의와 조작적 정의를 보고 의미적으로 일치하는 정도를 주관적으로 표면적으로 판단하는 방식을 사용한다. 이 양자의 정의가 의미적으로 일치하면 할수록 측정도구(혹은 변인)의 (표면)타당도가 높다고 평가한다.

객관적인 평가방법은 신뢰도처럼 수치로 타당도를 평가하는 방법이다. 이에는 크게 두 가지 방법이 있다. 하나는 다개념 다측정방법(multi-trait multi-method)이며 다른 하나는 법칙적 관계망 접근법(nomological network approach)이다. 이 방법은 모두 복잡한 과정을 거쳐서 타당도의 정도를 수치화시킨다는 단점이 있다. 현실적으로 보면, 전자의 방법은 거의 사용되지 않고 있다. 그러나 후자의 방식은 사회현상을 개념화시켜서 연구의 세계로 편입시키려는 이른바 개념화 연구에서 때때로 사용된다. 이런 이유로, 전자는 간략하게 검토하고, 후자는 상세히 살펴보려고 한다.

1) 다개념 다측정 방법

다개념 다측정 방법은 개념타당도(construct validity)를 평가하는 기법의 이름이다. 개념타당도는 수렴타당도(convergent validity)와 차별타당도(divergent validity)를 통해서 측정도구의 타당도를 알아보는 방법이다. 수렴타당도란 같은 개념을 측정하는 여러 측정도구들로 측정한 결과가 일치하는 정도를 의미한다. 같은 개념을 측정하려는 여러 유형의 측정도구가 있고, 그 측정도구로 측정한 응답결과가 일치하면 일치할수록 그 측정도구들은 그 개념을 제대로 측정하고 있을 가능성이 높다. 반대로 응답결과가 불일치할수록 그 측정도구 모두 혹은 일부가 개념을 제대로 측정하지 못하는 타당도가 낮은 측정도구라는 것을 암시한다. 이 원리를 이용하여 수렴타당도를 측정하는데, 응답결과가 일치할수록 측정도구의 수렴타당도가 높다고 한다. 예를 들어서 다시 설명해 보자.

A라는 개념을 측정하는 '질문형' 측정도구를 지금 만들려고 한다고 하자. 그래서 A라는 개념을 측정하는 '질문형' 측정도구를 먼저 만들고, 직접 관찰하는 '행동형' 측정도구와 기계적 장치로 측정하는 '도구형' 측정도구를 그 뒤에 만들었다고 하자. 이 측정도구들은 A라는 동일 개념을 측정하는 변인들이기 때문에 이들 측정도구들이 모두 타당도가 높다면, 이 측정도구들로 측정한 결과들이 수렴(일치)할 것이라고 예상할 수 있다. 이러한 원리를 이용하여 '질문형' 측정도구로 측정한 결과와 다른 종류의 측정도구로 측정한 결과가 서로 일치하는지 여부를 비교함으로

그림 4-5 그림으로 본 수렴타당도

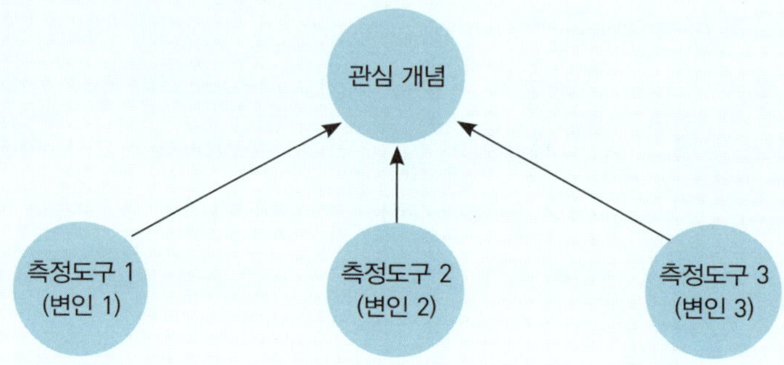

써 '질문형' 측정도구의 수렴타당도를 평가하게 된다. 측정결과가 일치하는 정도는 신뢰도처럼 상관계수라는 수치로 계산된다. 수렴타당도를 평가할 때 같은 개념을 측정하는 최소 셋 이상의 측정도구가 필요하며 이들 측정도구는 서로 다른 유형의 측정도구일 것을 권장한다. 측정도구가 같은 유형이면 동일 유형 효과로 인하여 수렴타당도의 값이 실제 값보다 더 크게 나타날 가능성이 있기 때문이다. 수렴타당도의 단점은 관심 개념을 측정하는 적어도 세 개의 측정도구를 만들어야 한다는 점이다. 하나의 측정도구를 만드는 것도 까다로운 일인데 세 측정도구를 만드는 것은 매우 어려운 일임은 말할 나위가 없다. 이미 만들어진 측정도구가 있다면 그리고 그 측정도구의 타당도가 높다는 것이 알려져 있는 경우에는, 새로 측정도구를 만들지 않고 그 기존 측정도구를 이용한다. 물론 이 때 새로운 측정도구를 만들려는 이유는 기존의 측정도구를 사용할 수 없는 상황의 연구이기 때문이거나 혹은 간편한 새로운 측정도구를 만들 필요성 등이 있기 때문이다. 지금까지 설명을 그림으로 도식화하면 [그림 4-5]로 요약할 수 있다.

차별타당도란 서로 다른 개념들을 측정하는 각각의 측정도구로 측정한 측정결과들이 서로 일치하지 않는 정도로 정의된다. 이 정의가 지니는 함의는 크게 두 가지이다. 하나는 차별타당도를 평가하기 위하여 서로 다른, 여러 개념들이 있어야

그림 4-6 그림으로 나타낸 차별타당도

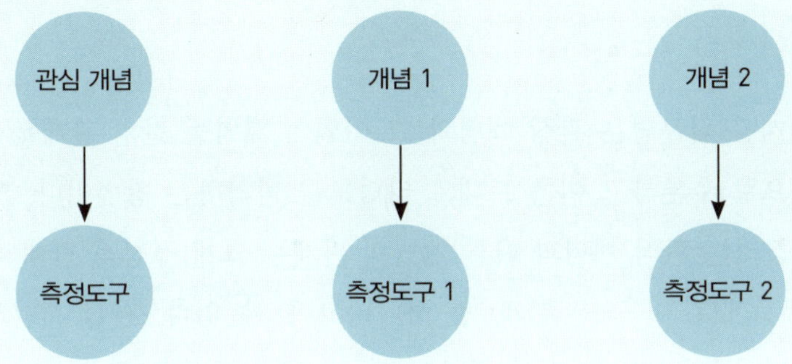

한다는 것이다. 일반적으로 차별타당도를 평가하기 위하여 연구자의 관심 개념과 이 개념과 차별되는 두 개념이 필요하다는 것을 의미한다. 즉, 차별타당도를 평가하기 위해선 세 개념이 있어야 한다는 것이다. 둘째 이들 세 개념의 측정도구가 필요하다는 것이다. 세 개념이 선정되면 각 개념을 측정하는 측정도구가 있어야 차별타당도를 평가할 수 있다. 측정도구의 필요성 때문에, 타당도가 높은 측정도구를 이미 지니고 있는 개념들 중에서 관심 개념 이외의 두 개념을 선정하는 것이 보통이다. 반면에 연구자의 목적은 관심 개념의 측정도구를 만드는 것이므로 관심 개념의 측정도구는 연구자가 직접 만든다. 세 개념은 서로 다른 차별적 개념이기 때문에, 이들 측정도구로 측정한 결과가 서로 다를 때, 즉 차별타당도가 높을 때 연구자가 만든 측정도구가 제대로 만들어졌을 가능성이 높다고 할 수 있다. 차별타당도를 그림으로 요약하면 [그림 4-6]과 같이 표현할 수 있다. 참고로, 측정도구로 측정한 측정결과들이 서로 일치 혹은 불일치하는 정도는 상관관계라는 통계분석으로 계산된다.

요약하면, 다개념 다측정 방법은 수렴타당도와 차별타당도를 이용하여 측정도구의 타당도를 평가하는 방법이다. 수렴타당도는 관심 개념에 대한 적어도 세 측정도구가 필요한 반면에 차별타당도는 관심 개념을 포함한 세 개념과 각 개념의 측정도구가 요구된다. 결과적으로, 개념타당도를 이용한 다개념 다측정 방법은 적어도 세 개념과 다섯 개의 측정도구를 필요로 하는 타당도 평가방법이라고 할 수 있다.

2) 법칙적 관계망 접근법

법칙적 관계망 접근법은 관심 개념과 그 이외의 개념들 간의 관계를 논리적으로 혹은 이론적으로 추론하고 이를 토대로 타당도를 파악하는 방법이다. 연구자가 측정도구를 만들려는 관심 개념과 다른 개념의 관계는 크게 긍정적 관계 혹은 부정적 관계 혹은 무관계(관계가 없는 관계) 중 하나라고 할 수 있다. 관심 개념과의 관계적 측면에서 보면, 어떤 개념은 관심 개념의 크기가 증가할수록 같이 크기가 증가하는 긍정적 관계의 개념이거나 혹은 관심 개념의 크기가 증가할수록 반대로 크기가 감소하는 부정적 관계의 개념이거나 혹은 관심 개념의 변화에 전혀 영향을 받지 않는 무관계의 개념 중 하나라는 것이다. 이를 그림으로 도해하면 [그림 4-7]처럼 나타낼 수 있다. 개념들 간의 관계를 도해한 이 그림은 보다시피 연결망처럼 보이기 때문에 이를 법칙적 관계망(nomological network)이라고 부른다. 법칙적 관계망에서 표현되는 개념들 간의 관계는 이론적으로 혹은 논리적으로 추정하는 것이 보통이다.

법칙적 관계망 접근법은 논리적으로 추정한 법칙적 관계망이 맞는지 혹은 틀리는지를 이용하여 타당도를 평가하는 방법이다. 법칙적 관계망의 진위 여부를 검증

그림 4-7 법칙적 관계망

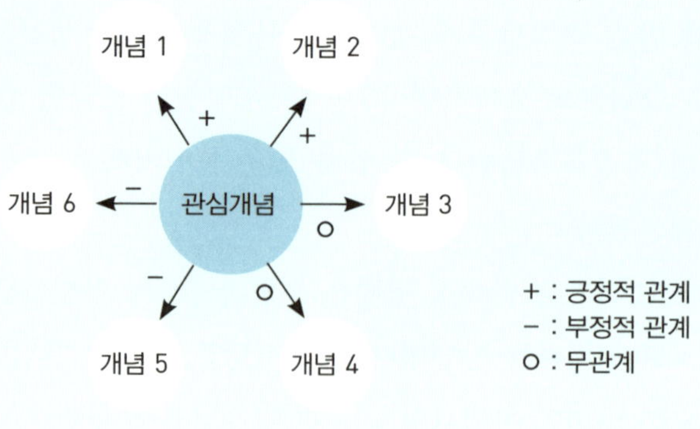

사례연구 4.1 법칙적 관계망 접근법을 이용하는 개념화 연구의 예

법칙적 관계망으로 측정도구의 타당도를 평가하는 예를 하나 들어보자. 주어진 커뮤니케이션 상황에 맞추어서 적절하게 커뮤니케이션하는 능력으로 정의되는 커뮤니케이션 적확성(communication appropriateness)이라는 개념의 측정도구를 연구자가 만들었다고 하자. 이 측정도구가 타당도가 높은 측정도구인지 혹은 아닌지 알아보기 위하여 법칙적 관계망을 사용하기로 했다고 하자. 연구자는 법칙적 관계망을 사용하기 위하여 커뮤니케이션 적확성과 이론적 연관성을 고려하면서 관련 개념들(통상 6개의 개념들)을 선정해야 한다. 그래서 연구자는 이론적인 측면에서 커뮤니케이션 적확성과 긍정적인 상관관계가 있다고 추정되는 자기감찰(self-monitoring, 주어진 커뮤니케이션 상황을 잘 관찰함으로써 그 상황이 요구하는 행동에 맞게 자신을 잘 통제하는 능력의 정도)과 호감얻기(affinity-seeking, 상대방으로 좋은 감정을 이끌어낼 수 있는 정도) 그리고 이론적으로 부정적인 상관관계가 있을 것으로 예측되는 언어적 폭력성향(verbal aggressiveness, 상대방의 자아개념을 언어적으로 공격하려는 개인의 기질 정도)과 자기중심성(egocentrism, 자신의 입장에서만 생각하는 어린아이적 기질의 정도) 그리고 이론적으로 상관관계가 없을 것으로 추론되는 어휘 다양성(lexical diversity, 말을 사용할 때 다양한 어휘를 사용하는 정도)과 극단적 표현(language intensity, 개념에 대하여 말하는 사람의 태도가 중립성으로부터 이탈되는 정도. 예를 들면, '그녀는 아름답다'라는 표현보다 '그녀는 무척 아름답다'가 더 극단적 표현이다)을 법칙적 관계망을 구성하는 개념들로 선정하였다. 물론, 연구자가 선정한 개념들은 모두 타당도가 높은 측정도구가 이미 만들어져 있는 개념들이다. 보통, 높은 타당도의 측정도구가 있는 개념들을 대상으로 선정하기 때문이다. 연구자가 만든 측정도구를 이용해서 커뮤니케이션 적확성을 측정하고 동시에 이들 여섯 개념의 측정도구로 이들 개념을 측정한 후, 커뮤니케이션 적확성과 다른 주변 개념들이 이론적으로 예측한 상관관계를 가지고 있는 것으로 나타났다면, 연구자가 만든 측정도구는 타당도가 높은 측정도구라고 결론지을 수 있다. 이러한 방식으로 측정도구의 타당도를 평가하는 방법을 법칙적 관계망 접근법이라고 한다. 이 예를 도표로 정리하면, 다음과 같이 [그림 4-8]로 나타낼 수 있다.

그림 4-8 커뮤니케이션 적확성의 법칙적 관계망

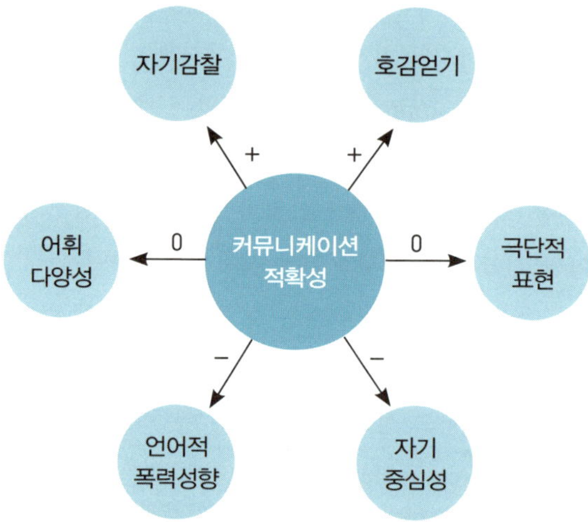

하기 위하여 측정도구가 필요함은 말할 나위가 없다. 위의 개념타당도처럼, 관심 개념의 측정도구는 연구자가 직접 만들며 관심 개념 이외의 다른 개념들은 이미 타당도가 높은 측정도구를 지닌 개념들로 구성하는 것이 일반적이다. 이들 개념의 측정도구를 이용하여 측정한 결과를 가지고 이론적으로 예측한 관계가 맞는지 혹은 틀리는지를 검증한다. 만일 이론적으로 예측한 대로 개념들 간의 관계가 존재하는 것으로 나타난다면 연구자가 만든 관심 개념의 측정도구는 타당도가 높다라고 결론짓고, 반면에 개념들 간의 관계가 예측한 대로 나타나지 않는다면 관심 개념의 측정도구에 대한 타당도가 낮다라고 평가하는 방식이 법칙적 관계망 접근법의 원리이다. 보통 법칙적 관계망 접근법은 관심 개념과 긍정적 관계, 부정적 관계 및 무관계를 지니는 각 두 개의 개념을 이용하기 때문에 관심 개념 이외에 6개의 개념을 활용하는 것이 일반적인 방식이라고 할 수 있다. 관심개념과 다른 개념들과의 관계는 상관관계를 이용하여 파악한다.

핵심개념 타당도, 표면타당도, 다개념 다측정 방법, 개념타당도, 수렴타당도, 차별타당도, 측정도구, 법칙적 관계망, 개념들 간의 이론적 관계, 긍정적 관계, 부정적 관계, 무관계

3. 측정오차로 인해 발생하는 연구의 문제점과 연구아이디어

그렇다면 측정오차를 포함하고 있는 변인을 이용하여 연구를 한 경우, 어떠한 문제가 발생할 가능성이 있는가? 가설이 긍정된 경우와 가설이 기각된 경우에 따라 그리고 독립변인이 측정오차를 포함하고 있는 경우, 종속변인이 측정오차를 포함하고 있는 경우 및 독립과 종속변인 모두가 측정오차를 포함하고 있는 경우에 따라 어떠한 문제점이 있는지를 나누어서 검토해 보자.

측정오차를 포함하고 있는 오염변인이 독립변인이냐 혹은 종속변인이냐에 관계없이, 오염변인이 있는 경우 가설이 참임에도 불구하고 통계적으로 가설이 기각될 가능성이 증가한다. 독립변인이 오염된 만큼, 독립변인이 종속변인에게 영향력을 미치는 독립변인의 강도가 줄어들기 때문에 종속변인에 대한 독립변인의 효과가 줄어드는 것은 당연하다. 또한 종속변인이 오염된 경우에도, 독립변인으로부터 영향을 받는 종속변인의 크기도 줄어들 수밖에 없다. 측정오차로 인하여 오염변인이 존재하는 경우, 효과는 줄어들고 그로 인하여 가설이 통계적으로 기각될 가능성이 증가한다고 할 수 있다.

독립변인이나 혹은 종속변인에 측정오차를 지니고 있는 오염변인이 있고 그리고 가설이 기각되었다면, 오염변인으로 인하여 가설이 기각되었을 가능성이 있기 때문에 가설을 재검증하는 연구가 다시 수행되어야 한다. 그러나 재검증연구를 실시하기 전에, 연구하고자 하는 변인들을 오염시킨 요인(즉, 오염변인)이 정확히 무엇인지를 논리적으로 찾아내야 한다. 오염된 요인을 찾아내는 능력은 개인의 능력이다. 특별한 노하우가 없다는 말이다. 기존의 연구논문을 읽을 때마다 오염요인

이 있는지 혹은 없는지를 따져보고 찾으려는 자세를 지녀야 한다. 이러한 훈련을 반복할수록 오염요인을 찾는 능력은 발전하게 될 것이다. 그 결과, 연구아이디어를 찾는 능력도 함께 성장할 것이다.

오염변인이 있다고 해서 늘 가설이 기각되는 것은 아니다. 오염변인이 있더라도 가설이 긍정될 수 있다. 가설이 긍정되었다고 하더라도, 오염변인이 있으면 가설을 재검증하는 연구나 수정, 보완된 연구를 다시 수행하여야 한다. 오염변인이 가설을 입증시킨 주된 원인일 가능성이 있기 때문이다. 독립변인이 오염변인을 포함하고 있는 경우, 종속변인에 대한 독립변인의 효과가 실제로 없음에도 불구하고 오염변인이 종속변인에 미치는 효과로 인하여 마치 독립변인이 종속변인에게 영향을 미친 것처럼 가설이 긍정될 가능성이 있다.

종속변인이 오염변인을 포함하고 있는 경우에도, 종속변인에 대한 독립변인의 효과는 실제로 없음에도 불구하고 오염변인에 대한 독립변인의 효과가 존재할 수 있기 때문에 마찬가지로 가설이 긍정될 수 있다. 따라서 독립변인이나 종속변인에 오염변인이 존재한다면 가설이 입증되었다 하더라도, 여러 가능성이 있기 때문에 면밀히 검토하여 가설을 재검증하거나 혹은 기존 연구의 아이디어나 혹은 방법론를 보완하는 새로운 연구를 구상하여야 한다.

독립변인이나 종속변인에 오염변인이 포함되어 있고 그리고 가설이 기각되었다면, 연구자의 의사결정은 상대적으로 단순하다. 가설을 재검증하는 연구를 다시 실시할 것인지 여부만 고민하면 된다. 재검증 연구를 수행해야겠다는 결정을 내렸다면, 먼저 오염된 변인의 측정도구를 수정하여야 한다. 높은 타당도를 지니는 측정도구가 되도록 기존의 측정도구를 보완한 후, 이를 이용하여 가설을 재검증하는 연구를 다시 진행하면 충분할 것이다.

독립변인이나 종속변인에 오염변인이 포함되어 있다면, 가설의 입증 유무에 관계없이 오염변인이 무엇인지를 정확하게 찾아내고, 오염변인이 가설의 입증유무에 어떠한 영향을 미쳤는지를 분석해 내고, 이를 토대로 가설을 재검증하거나 보완하는 연구를 재설계하는 것이 원칙이다. 만일 오염변인이 가설을 긍정시키는 데 기여했다면, 찾아낸 오염변인과 종속변인 혹은 독립변인 간의 관계가 이론적으로 그리고 논리적으로 어떠한 관계가 있는지 추정한 후, 이를 토대로 오염변인과 종속변인 간의 관계 혹은 독립변인과 오염변인 간의 관계에 대한 새로운 가설이나 연구아이디어를 찾는 것이 바람직하다. 그리고 나서, 이 새로운 가설이나 연구아이디어를 검증하는 연구를 필요시 실시하면 된다. 바로 이것이 측정오차를 활용하여 연구아이디를 얻는 요령이다. 지금까지의 논의를 요약하면 [그림 4-9]로 나타낼 수 있다.

그림 4-9 오염변인으로 인한 문제점과 연구아이디어 찾기 요령

	오염변인 포함유무		가능한 원인	처방(연구아이디어)
	독립변인	종속변인		
가설 기각	○	×	오염변인으로 인한 가설 기각 가능성	오염변인을 정확히 찾은 후, 재검증
	×	○	종속변인에 대한 독립변인의 효과 감소로 인하여	원인을 정확히 진단하고 파악한 후, 이에 대한 가능성이 있다면 재검증
	○	○	위 두 경우 모두 가능한 원인	위 두 처방 모두 고려해야
가설 긍정	○	×	종속변인에 대한 오염변인의 효과로 가설긍정 가능성	오염변인을 정확히 찾고 원인 여부를 따져서 필요시 오염변인의 효과에 대한 새로운 연구 개시
	×	○	오염변인에 대한 독립변인의 효과로 인하여	원인진단 후, 이 가능성이 있다고 판단되면 독립변인과 오염변인 간 관계 연구 개시
	○	○	위 두 경우 모두 가능한 원인	위 두 처방 모두 고려해야

핵심개념 측정오차를 지니고 있는 독립변인, 측정오차를 지니고 있는 종속변인, 측정오차를 포함한 연구결과의 재해석 및 대안적 결론, 측정오차를 이용한 연구아이디어 찾는 법

생각해 볼 문제

1. 개념타당도를 평가한 결과, 수렴타당도는 높으나 차별타당도가 낮게 나온 측정도구와 수렴타당도는 낮으나 차별타당도가 높게 나온 측정도구가 있다면 어떤 측정도구를 선택하는 것이 더 나은 선택일까 그리고 그 이유는?

2. 법칙적 관계망을 이용하여 다음의 한국사회현상을 개념화하고 측정도구를 만들어보자. 개념의 옆에 서술한 내용은 개념적 정의가 아니라 단지 독자들이 이해할 수 있도록 도움을 주기 위한 일종의 힌트이다. 개념적 정의부터 생각하고 측정도구를 만들어보자.

   (1) 언론의 냄비현상(한 이슈에 매몰되었다가 또 다른 새로운 이슈가 나오면 그 이슈의 보도에 매몰되는 언론보도행태)
   (2) 언론 혹은 방송 보도기사의 보수/진보적 논조(보도된 기사가 보수적이냐 진보적이냐 하는 정도)
   (3) 댓글행위의도(댓글을 기꺼이 쓰려고 하는 정도)
   (4) 댓글반응도(댓글에 반응하는 정도)
   (5) 체면민감도(체면에 민감하게 반응하는 정도)
   (6) 한국사회에만 있고 서구사회에는 없는 사회현상을 찾아보자
   (7) 한국사회와 서구사회에 모두 공통적으로 나타나는 사회현상이지만 성격이나 특성이 다른 한국사회현상을 찾아보자.

3. 실제 기존의 연구논문을 읽으면서 측정오차를 찾아보자. 만일 연구결과에 영향을 미치는 심각한 측정오차를 발견했다면, 그 연구를 어떻게 수정하고 보완해야 하는지에 대한 새로운 연구아이디어를 생각해 보고 이를 바탕으로 새로운 연구를 설계해 보자.

4. 다음은 측정오차를 찾는 요령을 훈련시키기 위한 문제이다. 측정오차, 오염변인, 오염변인이 연구결과에 미친 영향력 등을 찾고 이를 토대로 새로운 연구아이디어를 찾아서 논의해 보자.

(1) 서울에서 지방으로 이주해 온 사람들이 요즈음 많다. 이주민들 중에 어떤 사람이 거주지역에 빨리 적응하는지를 조사하려고 한다. 이 연구를 위해 연구자는 다음과 같이 생각하였다. 거주지역의 정보를 많이 알수록 거주지역의 적응도가 빨라질 것이다. 이러한 아이디어에 기초하여, 거주지역의 정보를 아는 정도를 측정하기 위하여 지역방송에서 직접 제작한 뉴스 및 기타 프로그램을 시청하는 시간을 조사하였다. 조사 결과, 연구자의 예상대로 지역방송을 많이 시청하여 거주지역에 대한 정보를 많이 가지고 있을수록 거주지역에 대한 적응도가 높다는 결론을 냈다. 연구자의 이러한 연구결론을 그대로 받아들일 수 있을까? 받아들이지 못한다면, 그 이유는 무엇일까? 또한 이 조사결과를 토대로 다른 대안적 연구결론을 내릴 수 있을까? 있다면, 그것은 무엇일까? 만일 이 연구가 심각한 문제점을 지니고 있고 그리고 이를 보완할 연구가 필요하다면, 어떻게 연구를 진행시켜야 할까?

(2) 한 연구자가 소집단 모임에서 사람들의 커뮤니케이션 행위를 관찰해 본 결과, 사람 수가 일정 수까지 늘어나는 경우 소집단의 커뮤니케이션 총량이 증가하지만 일정 수를 넘어서면 오히려 소집단의 커뮤니케이션 총량이 감소한다는 사실을 발견했다. 이러한 관찰이 사실인지 혹은 아닌지를 확인하기 위하여 실험연구를 실시하였다. 실험을 위해 먼저 연구자가 밖에서 관찰할 수 있는 한 면이 거울로 되어 있는 실험실(one-way mirror experimental room)을 만들었다. 그리고 나서, 서로 모르는 피실험자들을 뽑았다. 이들을 무작위로 두 명, 네 명, 여섯 명, 여덟 명, 열 명 그리고 열두 명의 소그룹으로 나누었다. 무작위로 각 그룹을 실험실로 부르고 실험실에서 서로 자유롭게 이야기하도록 시킨 후, 각 그룹의 커뮤니케이션 양을 측정하였다. 물론 두 명으로 구성된 집단부터 열두 명으로 구성된 집단에 이르기까지 실험에 참여한 집단의 수는 연구를 수행하는데 지장이 없을 만큼 충분히 많았다. 즉, 집단 표본의 수가 작아서 일어날 문제는 전혀 없었다. 이와 같이 조사한 결과, 여덟 명의 소집단까지는 커뮤니케이션 총량이 증가했지만 그 이상의 수로 구성된 소집단에서는 오히려 커뮤니케이션 총량이 감소하였다. 연구자는 이러한 연구결과를 바탕으로 자신의 관찰이 참이라는 결론을 내렸다. 이 연구의 결론을 그대로 받아들일 수 있을

까? 받아들이지 못한다면, 그 이유는 무엇일까? 또한 이 연구결과를 토대로 다른 대안적 연구결론을 내릴 수 있을까? 이 조사에 문제점이 있었다면 이를 보완하는 연구는 어떤 식으로 해야 할까?

(3) 흡연이 체력에 부정적인 영향을 미치는지를 조사하기 위하여, 흡연자와 비흡연자 간 체력을 비교하는 실험 연구를 진행하기로 하였다. 같은 연령의 흡연자와 비흡연자를 무작위로 100명씩 뽑고, 이들의 체력을 조사하였다. 체력은 1,000m 오래달리기를 이용하여 측정하였다. 조사결과, 흡연자들은 비흡연자들에 비하여 통계적으로 유의미하게 늦게 도착하는 것으로 나타났다. 그래서 연구자는 '흡연자들의 체력은 비흡연자들에 비하여 나쁘다'면서 '흡연은 체력에 부정적인 영향을 미친다'라는 결론을 지었다. 연구자의 이러한 결론은 타당한가? 타당하지 않다면, 그 이유는 무엇 때문이며 연구의 보완점이 필요하다면 어떻게 연구하여야 할까?

(4) 최근의 이성간 교제는 과거와 사뭇 다른 점들이 많다는 점에 착안하여 연구자는 스킨십의 정도와 이성관계가 지속되는 정도(relational commitment)간 관계를 조사하려고 한다. 이를 위해 '헤어진 과거의 연인과 가진 성적 관계의 횟수'를 묻는 질문과 '지속된 만남의 기간이 얼마나 이어졌는지'를 묻는 질문을 이용하여 스킨십과 이성관계의 지속기간을 각각 측정하였다. 이와 같이 측정된 자료를 가지고 통계분석을 해 본 결과, 스킨십과 이성관계의 지속기간은 아무런 관계가 없는 것으로 나타났다. 그래서 연구자는 '스킨십의 정도는 이성관계가 만나는 지속기간에 어떠한 영향을 미치지 않는다'라고 결론을 내렸다. 과연 연구자의 이러한 결론은 타당하다고 말할 수 있는가? 그렇지 않다면, 그 이유는 무엇인가? 가능한 다른 대안적 결론 혹은 대안 가설이 있는가?

Chapter 5

연구설계오차, 표집오차 그리고 연구아이디어

측정오차처럼, 연구설계오차(design error)와 표집오차(sampling error)를 정확히 이해하면 연구아이디어를 찾는 데에 많은 도움을 받을 수 있다. 이 장에서는 연구설계오차와 표집오차를 이용하여 연구아이디어를 찾는 요령을 서술하려고 한다. 누차 지적한 바와 같이, 아이디어란 곧 사고이기 때문에 연구아이디어를 얻는 가장 중요한 핵심은 생각하는 능력에 좌우된다는 점을 잊지 않아야 한다. 다만 사유는 무(無)에서 이루어질 수 없기 때문에 사유를 자극하고 이끌어 줄 지식이 어느 정도 필요할 뿐이다. 그러한 지식 중 하나가 연구설계오차와 표집오차와 관련된 지식이라고 할 수 있다. 이 장에서는 연구설계오차와 표집오차와 관련된 방법론적 지식을 독자들에게 제공함으로써 연구아이디어를 찾는 데에 보탬을 주려고 한다. 제4장과 마찬가지로, 여기서 배운 지식을 복습하는 데에 도움이 될 수 있도록 그리고 동시에 배운 지식의 활용능력을 키울 수 있도록 말미에 연습문제를 만들어 두려고 한다. 이 장을 다 익히고 나면, 다음의 내용을 알아야 한다.

- 연구설계오차란 무엇인가
- 연구의 목적에 따른 연구의 두 유형
- 연구설계오차로부터 야기되는 가외변인들
- 연구설계오차와 관련해 발생하는 연구의 문제점
- 연구설계오차와 연구아이디어
- 표집오차란 무엇인가
- 표집오차와 연구아이디어

1. 연구설계오차란 무엇인가

연구설계(research design)란 자료 수집의 절차와 과정에 대한 실행 계획을 말한다. 가설이나 명제가 참인지 혹은 거짓인지를 실증적으로 밝히기 위하여, 실제 사회에서 일어나는 사회현상이나 사회현실을 대상으로 자료를 수집하여야 한다. 자료를 모을 때, 잘못된 사회현상을 측정하거나 가설을 검증할 수 없는 잘못된 사회현상을 관찰하거나 혹은 가설 검증에 필요한 사회현상을 관찰하는 과정 중에 잘못된 내용들이 포함되는 등의 실수가 발생할 수 있다. 이러한 잘못들을 방지하기 위하여 보통 자료 수집 전에 자료 수집의 실행 계획을 세우는데, 바로 이 실행 계획을 연구설계라고 한다.

연구설계에 대한 계획을 잘못하였거나 혹은 연구설계가 계획한 대로 제대로 실행되지 못하면, 가설을 올바르게 검증할 수 없는 잘못된 자료를 수집할 가능성이 크다. 방법론적 용어로 말하면, 잘못된 연구설계의 계획이나 실행은 가외변인과 같은 부정적 요인들을 발생시킬 수 있는 원인이 되기 때문에 이의 결과로서 가설 검증의 결과를 액면 그대로 받아들일 수 없는 경우도 종종 발생할 수 있다. 잘못된 연구설계가 연구의 치명적인 결함을 불러일으킬 수 있다는 것이다.

보통 자료수집방식에 따라, 설문지를 이용하여 자료를 수집하는 서베이, 메시지를 분석하여 자료를 수집하는 내용분석, 독립변인을 인위적으로 실험처치하거나 조작함으로써 자료를 수집하는 실험 등으로 연구방법(혹은 자료 수집방법)을 분류한다. 어떤 자료수집방법을 이용하여 자료를 수집하느냐에 관계없이 연구설계오차는 모든 유형의 연구방법에서 발생할 수 있다. 다만, 실험연구방법으로 자료를 수집할 때, 연구설계오차가 발생하면 연구를 망칠 수 있기 때문에 연구설계오차의 문제에 대해 더욱 조심하여야 한다.

실험 연구방법이란 독립변인을 조작변인으로 만듦으로써 종속변인에 대한 독립변인의 효과를 밝히는 데 주로 사용되는 연구방법이다. 연구자가 실험처치 등을 통하여 인위적으로 독립변인을 조작하는 까닭은 가외변인을 통제함으로써 독립변인과 종속변인 간의 인과관계를 정확하게 파악하기 위해서다. 따라서 실험연구의 성패는 가외변인이 발생하지 않도록 오류없는 연구설계를 얼마나 잘 계획하고 실행하느냐에 좌우된다고 할 수 있다. 이런 점에서 연구설계오차의 발생 가능성을 최대한 줄이는 것이 실험연구방법의 관건이라고 할 수 있다. 그렇다고 다른 자료수집방법 혹은 연구방법에서는 연구설계오차가 발생해도 괜찮다는 것은 아니다. 단지 정도의 차이일 뿐이다.

연구설계로 인한 오류가 연구에 미치는 치명적인 정도는 연구의 성격이나 목적에 따라 차이가 있다. 연구의 특성에 따라 연구설계에 대한 중요성이 달라질 수 있다는 것이다.

연구의 목적과 성격에 따라 연구는 크게 두 유형으로 나눌 수 있다. 하나는 내적 타당도 연구이고, 다른 하나는 외적 타당도 연구이다. 구체적으로 이들 연구의 특성에 대해 알아보자.

(1) 내적 타당도 연구

내적 타당도 연구란 '독립변인이 종속변인에게 미치는 효과와 영향을 조사하려는 목적을 지니고 있는 연구'이다. 내적 타당도(internal validity)란 연구절차나 연구진행의 과정에서 연구자가 미처 생각하거나 예상하지 못한 일들이 발생하고 이러한 일들이 연구결과에 심대한 영향을 미침으로써 연구결과의 왜곡이 일어나는 정도라고 정의할 수 있다. 이미 앞에서 지적한 바와 같이, 연구자가 미처 생각하지 못한 연구결과에 영향을 미치는 요인을 가외변인이라고 하며 연구결과에 해당하는 요인을 종속변인이라고 한다. 따라서 변인의 측면에서 보면, 내적 타당도는 가외변인이 연구결과에 해당하는 종속변인에 영향을 미치는 정도라고도 말할 수 있다.

연구결과, 즉 종속변인의 영향이나 효과에 미치는 요인은 논리적으로 크게 두 가지이다. 하나는 연구자가 이론검증을 위하여 이론이 종속변인에 영향을 미칠 것으로 예측한 요인이다. 종속변인에 영향을 미칠 것으로 예측한 요인을 독립변인이라고 한다. 독립변인과 종속변인은 연구자가 이론으로부터 추론한 요인들이라고 할 수 있으며, 이론이 제안하고 있는 이론적 논리를 토대로 연구자가 두 변인 간의 관계를 예측하고 추론한 변인들이다. 특히, 독립변인은 연구결과에 해당되는 종속변인에 영향을 미치는 원인이 되는 변인인 반면에, 종속변인은 독립변인에 의하여 영향을 받는 결과에 해당되는 변인이다. 독립변인은 연구자가 이론의 도움을 받아 종속변인에 영향을 미칠 것으로 추정한 후 이론검증을 위하여 의도적으로 선정한 요인이다. 바꿔 말하면, 연구자가 연구에서 관심을 기울이는 변인이라고 할 수 있다.

연구결과인 종속변인에 영향을 미치는 또 다른 요인은 가외변인이다. 가외변인은 이론으로부터 추론된 독립변인과 달리 연구자가 의도하지 않았음에도 불구하고 연구결과에 영향을 미치는 변인이다. 연구자가 이론검증의 오류를 줄이기 위하여 연구결과(종속변인의 변화)가 순수하게 독립변인의 영향으로 인하여 발생되도록 연구를 설계하여야 한다. 연구의 설계나 진행절차에 잘못이 있는 경우, 연구자가 모르는 상태에서 연구결과에 영향을 미치는 가외변인이 출현할 가능성이 높아진다. 가외변인이 나타나면, 종속변인은 독립변인과 가외변인으로부터 동시에 영향을 받게 된다. 연구자가 이론으로부터 추론한 내용은 독립변인이 종속변인(연구결과)에 영향을 미치는 효과이기 때문에 이론검증의 핵심은 독립변인이 과연 종속변인에게 영향을 미치는지의 여부이다. 그러나 가외변인이 존재하면 종속변인이 받은 영향이나 효과가 독립변인에 기인된 것이라고 단정할 수 없게 된다. 이론으로부터 추론된 독립변인과 종속변인 간의 관계를 확신할 수 없다는 것이다. 이와 같이, 가외변인은 이론을 검증하는 데에 걸림돌로 작용한다.

연구결과(혹은 종속변인)에 미친 영향력이나 효과가 순수하게 독립변인 탓이라고 확신하지 못하면 못할수록 내적 타당도가 낮은 연구라고 할 수 있다. 바꿔 말하면, 가외변인이 존재할 가능성이 높을수록 그리고 그 가외변인이 연구결과에 미치는 영향력이 강력할수록 내적 타당도는 낮아진다. 내적 타당도 연구는 내적 타당도를 높이기 위한 연구로서 내적 타당도가 낮은 기존연구를 보완하려는 연구이다. 내적 타당도를 낮추는 주된 원인이 가외변인이기 때문에 따라서 내적 타당도 연구는 기존연구의 결과에 존재했을 가능성이 있는 가외변인의 발견 혹은 찾기에서 출발한다.

연구시 가외변인이 발생하는 원인은 다양하지만, 가장 심각한 원인은 연구가 진행되는 절차나 연구설계가 잘못된 데에 있다. 자료수집을 위한 연구설계가 잘못되면 가외변인이 발생할 가능성이 높아진다. 그래서 내적 타당도 연구는 가외변인이 발생하지 않도록 연구설계를 정교하게 해야 한다. 특히 독립변인을 조작하여 종속변인에 대한 독립변인의 효과를 조사하려는 실험연구는 내적 타당도를 목적으로 하는 대표적인 연구이기 때문에 더욱더 세심한 연구설계가 필요하다. 반대로 말하면, 다른 연구자가 수행한 실험연구의 논문을 읽을 때 실험설계나 연구설계의 잘못으로 인하여 가외변인의 발생가능성이 있는지 그리고 있다면, 그 가외변인이 종속변인에 영향을 미쳤을 가능성이 있었는지를 따지면서 그 연구의 내적 타당도 정도를 평가하는 습관을 들여야 한다. 커뮤니케이션 과학(언론정보학)에서는 광고효과, 매스컴 효과, 설득효과, 메시지 효과와 같은 효과 연구가 많다. 대부분의 효과연구는 효과라는 종속변인에 대한 독립변인의 영향력을 조사하려는 전형적인 내적 타당도 연구의 하나라고 할 수 있다. 따라서 효과를 조사하는 연구의 대부분은 실험연구방법을 이용하여 자료를 수집하고 있다. 이들 연구를 만날 때마다 연구설계오차와 이로 인한 가외변인의 가능성을 신중히 검토하면서 이들 연구의 내적 타당도 정도를 면밀히 평가하여야 한다. 이러한 작업이 연구 아이디어를 찾는 첫 걸음이기 때문이다.

핵심개념 연구설계, 내적 타당도, 연구결과에 영향을 미치는 요인들, 가외변인

(2) 외적 타당도 연구

외적 타당도란 연구결과를 일반화시킬 수 있는 가능성의 정도를 말하기 때문에, 외적 타당도 연구는 '연구결과를 일반화시키려는 목적을 지닌 연구'를 말한다. 보통, 연구결과에 대한 일반화 가능성 여부를 판단할 때 표본은 어떻게 뽑았는지 그

리고 어떠한 연구상황에서 자료를 수집했는지를 고려한다. 다시 말하면, 표본의 특성과 연구상황의 조건이 연구의 외적 타당도에 대한 정도를 결정하는 중요한 요인이라고 할 수 있다.

외적 타당도를 높이기 위한, 표본을 뽑는 표집의 원칙은 모집단을 대표할 수 있도록 표본을 뽑는 것이다. 보통, 사회과학 연구는 조사대상자 전체인 모집단을 조사하는 것이 불가능하기 때문에 그중 일부를 표집(sampling)하여 표본(sample)을 선정한 후 이들을 대상으로 조사를 실시하는 것이 일반적이다. 그래서 표집할 때 모집단을 대표할 수 있는 표본을 뽑았느냐 여부가 외적 타당도에 직접적으로 영향을 미치는 중요한 요인이라고 할 수 있다.

외적 타당도를 높이기 위해 고려해야 할 또 다른 요인은 연구 혹은 조사상황이다. 연구는 현실을 근거로 사실을 발견하거나 혹은 가설이 맞는지 혹은 틀리는지 검증하는 작업이기 때문에 자료를 수집할 때 현실과 가장 유사한 연구상황에서 진행되어야 한다. 만일 현실과 다른 연구상황에서 자료가 수집된다면, 연구결과는 실제 현실에서 일어나는 사실과 다를 수 있다. 만일 이것이 사실이라면, 외적 타당도는 낮아질 가능성이 크다.

기존 논문이나 연구를 읽을 때, 특히 외적 타당도의 확보가 중요한 연구의 경우 외적 타당도와 관련된 요인인 표집의 방법, 표본의 특성 그리고 자료수집에 대한 연구상황을 꼼꼼하게 파악하여야 한다. 그리고 나서 이들 요인이 외적 타당도에 대한 문제점을 야기하지 않았는지를 따져 보아야 한다. 또한, 외적 타당도를 확보하기 위하여 때로는 내적 타당도를 희생시키는 연구들이 있다. 그러한 점도 눈여겨 보아야 한다. 다시 말하면, 외적 타당도를 높이기 위하여 내적 타당도를 어느 정도 희생하였는지도 검토하고 이러한 부분이 전체적인 연구결과에 어떠한 영향을 미쳤는지 평가하는 작업도 필요하다. 이러한 과정을 진행하는 중에 새로운 연구를 위한 창의적 아이디어를 찾을 가능성이 높기 때문이다.

핵심개념 외적 타당도, 표집, 표본, 조사/연구상황

2. 내적 타당도를 위협하는 요인들 — 연구설계오차로부터 야기되는 가외변인들

연구설계오차의 발생가능성이 크다는 것은 내적 타당도를 낮추는 가외변인이 존재할 가능성이 높다는 것을 의미한다. 연구설계의 잘못된 계획과 실행이 가외변인을 출현시킴으로써 내적 타당도를 낮추는 것이다. 특히, 여러 자료수집방법 중 실험은 내적 타당도의 확보를 연구목적으로 하기 때문에 연구설계오차의 문제가 더욱 중요하다고 할 수 있다. 그러나 불행하게도 연구설계오차를 완전히 없앨 수 있는 방법은 없다. 오차를 발생시키지 않는 완벽한 연구설계를 계획하고 실행하는 것 자체가 불가능하다는 말이다. 연구설계는 언제나 태생적인 한계를 지니고 있을 수밖에 없기 때문이다. 모든 기존연구에는 연구설계오차가 태생적으로 혹은 연구자의 잘못된 실수 등으로 인하여 존재할 수밖에 없기 때문에 기존논문을 읽을 때마다 연구설계오차를 불러일으키는 요인들을 파악하려고 노력해야 한다. 이러한 작업이 멋진 창의적 연구아이디어를 발견케 하는 힘이 된다는 것은 두말할 나위가 없다.

연구설계와 연관하여 발생되는 것으로 널리 알려진 다양한 가외변인들의 종류가 있다. 이들 가외변인을 다른 말로 내적 타당도의 위협요인이라고 한다. 이들 위협요인을 알면 내적 타당도를 저해하는 가외변인을 찾는 데에 많은 도움이 된다. 물론 자료수집방법에 따라 발생할 수 있는 가외변인의 종류가 달라질 수 있다. 내용분석 연구방법이나 서베이 연구방법으로 자료를 수집하는 과정에서 발생할 수 있는 가외변인들의 종류는 실험 연구방법으로 자료를 수집하는 과정에서 발생할 수 있는 가외변인들의 유형에 대부분 포함되기 때문에, 실험 연구방법에 초점을 맞추어 내적 타당도의 위협요인들을 숙지하면 충분하다.

자료를 수집하는 시점(시간)에 따른 연구의 두 유형을 알면, 내적 타당도의 위협요인을 보다 더 쉽게 이해할 수 있다. 자료수집의 시점에 따라, 횡단연구(cross-sectional research)와 종단연구(longuitudinal research)로 나눌 수 있다. 횡단연구는 동일

시점에 가설에 나오는 혹은 연구에 필요한 모든 변인들을 측정하고 자료를 수집하는 연구를 말한다. 풀어서 말하면, 독립변인(들)과 종속변인(들)을 같은 시간에 그리고 한꺼번에 측정함으로써 연구에 필요한 자료를 수집하는 연구이다. 반면에 종단연구는 여러 시점에 걸쳐서 변인들을 측정함으로써 연구에 필요한 자료를 수집하는 방식의 연구를 말한다. 우리 사회에서 커뮤니케이션 과학의 연구는 대부분 횡단연구의 방식을 취하고 있다고 할 수 있다.

횡단연구냐 혹은 종단연구냐에 따라 연구설계가 달라지고, 그로 인해서 발생할 수 있는 내적 타당도 위협요인들도 차이가 있다. 다음에서 설명하는 내적 타당도의 위협요인들 중 일부는 횡단연구에서 발생할 가능성이 크고, 또 다른 일부는 종단연구에서 존재할 가능성이 높으며, 어떤 요인들은 횡단연구나 종단연구 모두에서 생길 수 있다. 이 점을 염두에 두면서 간략히 내적 타당도의 위협요인들을 살펴보자.

(1) 실험자 효과 요인(experimenter effect)

실험자 효과란 실험과정에서 자료수집을 도와주는 연구보조원이 연구자가 원하는 연구결과가 나오도록 유도할 때 발생하는 가외변인이다. 실험자 효과는 자료수집과정에서 두 조건이 충족되면 나타날 수 있다. ① 독립변인의 각 유목마다 다른 실험처치를 하여 실험집단과 비교집단(comparison group)이 존재할 때 그리고 ② 동시에 연구보조원이 연구 가설이나 연구자가 원하는 바를 알고 있을 때 실험자 효과가 발생할 가능성이 있다. 실험처치에 노출된 사람들이나 피험자들을 실험집단(experimental group)이라고 하는 반면에, 실험집단과 다른 실험처치에 노출된 피험자들을 비교집단이라 한다. 실험집단과 다른 실험처치가 여럿이라면 여러 비교집단들이 존재할 수 있음은 물론이다. 실험집단과 비교집단 간 종속변인값의 차이를 비교함으로써 실험처치(즉, 독립변인)의 효과를 파악할 수 있다. 따라서 실험자 효과를 통제하기 위해 연구보조원들이 연구의 목적 등을 모르는 상태로 두면서 자료 수집 등의 연구절차를 진행하여야 한다.

(2) 역사 요인(history)

특정한 실험처치를 하기 전과 실험처치를 한 후, 자료수집을 하는 사전조사와 사후조사가 있는 실험연구나 시간적 흐름에 따라 여러 차례 조사하고 자료를 수집하는 종단연구에서 발생할 가능성이 있는 가외변인이다. 종단연구는 자료수집과정이 오랜 시간에 걸쳐 진행되기 때문에 예기치 않은 외부 사건 등이 연구결과에 영향을 미칠 수 있다. 이를 테면, 사람들이 사회의 중요 정보를 어떤 매체로부터 얻게 되는지에 대한 연구를 하고 있는 중에 911 같은 대형 테러사건이 발생한다면 이 사건으로 인하여 수용자들이 정보를 얻는 경로와 과정에 있어서 평상시와 다른 응답을 할 가능성이 높아진다. 만일 이것이 사실이라면, 대형 테러사건이 이 연구의 가외변인으로 작용하고 있다고 할 수 있다. 연구결과에 영향을 미치는 외부 사건을 역사 요인이라고 한다.

(3) 도구 요인(instrumentation)

변인을 측정하기 위하여 사용하는 도구가 있고 그 도구에 흠이 있다면 내적 타당도를 저해시키는 가외변인이 도구로 인해서 발생할 수 있다. 예를 들면, 길이를 재기 위하여 자를 사용했는데 그 자가 시간이 지남에 따라 변형되었다면 변형된 자로 인하여 언제 길이를 쟀느냐에 따라 같은 길이의 물체가 다른 길이로 측정될 수 있다. 이와 같이 '자'라는 도구가 가외변인을 발생시킬 수 있다. 보통, 도구가 실험처치에 영향을 미칠 수 있는 경우(예를 들면, 눈동자의 크기 측정기로 눈동자의 크기를 잴 때, 눈동자 측정기가 긴장감을 유발시킴으로써 종속변인의 값에 영향을 미칠 수 있다), 시간이 지나면서 도구가 변하는 경우(즉, 도구가 변형되는 경우), 사전조사와 사후조사 간 측정에 참여하는 관찰자나 코더들이 다른 경우 등에서 도구 요인으로 인한 가외변인이 발생할 가능성이 있다.

(4) 대응표본 요인(matching)

서로 다른 실험처치의 효과를 비교하는 연구에서, 각각의 실험처치에 노출되는 사람들 혹은 집단은 동일해야만 올바른 실험처치 효과를 알 수 있다. 이를테면, A라는 실험처치에 노출되는 집단과 B라는 실험처치에 노출되는 집단에 속한 사람들이 특정한 측면에서 서로 다르면(예들 들면, 두 집단 간 성격차이), 이 두 집단 간에 종속변인값의 차이는 실험처치 효과의 차이 및 집단 간 특성 차이로 인한 결과라고 추정할 수 있다. 이 때 집단 간 특성 차이는 가외변인임은 물론이다. 이러한 유형의 가외변인을 제거하거나 혹은 통제하는 방법은 보통 무작위로 표본(피실험자)을 뽑아서 두 집단 중 한 집단에 무작위로 배치하는 것이 일반적이다. 그러나 무작위 배치가 불가능한 경우나 또는 연구자의 판단으로 무작위로 배치하는 것 대신에, 비슷한 특성을 지닌 두 사람을 서로 짝짓기하고 이 짝들 중 한 사람을 A집단에 그리고 다른 사람을 B집단에 배치하는 이른바 대응표본 방식도 많이 사용된다. 이 때 조심해야 할 점은 대응표본이라고 하더라도 이들 집단이 동일하다는 보장이 없다는 것이다. 대응표본의 경우, 어떤 특성적 측면에서 집단 간 차이가 있는지 여부를 면밀히 검토하여 가외변인의 개입 가능성 여부를 검토하여야 한다. 집단 간 특성 차이라는 가외변인을 대응표본요인이라고 한다.

(5) 성숙 요인(maturation)

시간이 경과함에 따라, 사람들은 태도나 생각 혹은 가치관과 같은 여러 개인적 특성이 바뀌기 마련이다. 마찬가지로, 사전조사와 사후조사를 해야 하는 연구의 경우 조사하는 시간적 간격으로 인하여 연구에 참여하는 조사대상자들의 생각이나 가치관 혹은 태도 등이 연구기간 중에 바뀔 수 있다. 연구의 성격이나 목적에 따라 때로는 이러한 사람들의 개인적 특성 변화가 직접적으로 연구결과에 영향을 미치기도 한다. 다시 말하면, 이러한 개인적 특성의 변화가 연구결과에 영향을 미칠 수 있는 가외변인으로 작동할 수 있다는 것이다. 이 같은 성격의 가외변인을 성숙 요인이라고 한다. 성숙 요인은 종단연구에서 발생할 수 있으며 내적 타당도를 저해하는 요인이다. 특히, 청소년들이나 어린아이들을 대상으로 삼고 있는 종단연구의 경우에는 성숙 요인이라는 가외변인이 연구결과에 개입될 여지가 많다. 나이 어린 표본들은 짧은 기간에도 개인들의 특성이 크게 바뀔 수 있기 때문이다.

(6) 조사대상자 탈락 요인(mortality)

같은 피험자들을 대상으로 사전조사와 사후조사를 실시해야 하는 종단연구에서, 사전조사에 참여한 후 여러 이유로 인하여 사후조사에 참여하지 않고 탈락한 피험자들이 나오기 마련이다. 이러한 피험자들의 탈락이 연구결과에 부정적인 영향을 미칠 수 있다. 사전조사에는 참여했지만 사후조사에 참여하지 않고 탈락한 피험자들로 인하여 사전조사와 사후조사에 참여한 피험자들의 특성이 달라질 수 있다. 이러한 차이가 부분적으로 연구결과에 영향을 미침으로써 가외변인으로 작동할 수 있으며 이 가외변인을 조사대상자 탈락 요인이라고 부른다.

(7) 관찰자 혹은 평가자 효과 요인(observer/rater effect)

표본이나 조사대상자들을 관찰하고 이를 바탕으로 변인을 측정하고 기록하는 관찰자나 혹은 평가자가 있는 연구의 경우, 이들이 연구의 목적이나 연구자가 원하는 바를 안다면 이들이 자료를 기록할 때 연구가설을 입증하는 방향으로 자료의 기록이 편향될 가능성이 있다. 이러한 편향성이 연구결과에 영향을 미침으로써 내적 타당도를 저해시키는 위협요인이 될 수 있는 것이다. 이 편향성이 연구결과에 미치는 효과를 관찰자 혹은 평가자 효과라고 부른다.

(8) 순서효과 요인(order effect)

순서효과란 측정의 순서가 종속변인 혹은 연구결과에 미치는 효과를 말한다. 측정의 순서는 독립변인과 종속변인 모두에게 적용된다. 여러 종류의 종속변인을 측정하는 경우, 어떤 순서로 종속변인을 측정하느냐에 따라 연구결과가 영향을 받을 수 있다. 예를 들면, 체력이라는 종속변인을 측정하기 위해 1,000m 달리기와 100m 달리기를 측정한다면, 1,000m 달리기를 측정한 후 100m 달리기를 측정한 결과와 100m 달리기를 측정하고 1,000m 달리기를 측정한 결과는 차이가 있을 것으로 예상된다. 만일 차이가 있다면, 종속변인의 측정순서가 결과에 영향을 미친 가외변인이 된다고 할 수 있다.

독립변인의 경우는 같은 조사대상자들에게 여러 유형의 실험처치를 순차적으로 해야 할 때 순서 효과가 발생할 수 있다. 이를테면, 논리적 메시지의 효과를 알아보기 위하여, 비논리적 메시지와 논리적 메시지를 순차적으로 실험처치하는 경우, 비논리적 메시지를 보여준 후 논리적 메시지를 보여주는 경우와 논리적 메시지를 보여준 후 비논리적 메시지를 보여준 경우 메시지 효과는 순서 효과로 인하여 달라질 가능성이 높다. 만일 이것이 사실이라면, 실험처치의 순서(즉, 독립변인 노출순서)가 연구결과에 영향을 미치는 가외변인이라고 할 수 있다. 따라서 순서효과가 가외변인으로 작동할 가능성이 큰 경우, 순서효과를 제거하여 연구에 영향을 미치지 않도록 통제하여야 한다.

(9) 회귀 요인(regression)

조사대상자들의 특성 차이가 종속변인에게 미치는 영향을 조사하려는 연구의 경우, 사전조사를 통하여 조사대상자들의 특정값을 측정하고 이를 기준으로 높은 집단과 낮은 집단으로 선정하는 것이 보통이다. 이 때, 본 조사에서 다시 특정값을 측정해 보면, 사전조사에 비하여 본 조사 때에는 이 두 집단 간 특정값의 차이가 줄어드는 현상이 나타난다. 이를 회귀효과라 하며 그 원인에 대해선 알려져 있지 않다. 하여간 회귀효과가 있을 가능성이 있는 연구인지 혹은 아닌지를 판단하고 가능성이 있다면 이 요인이 가외변인으로 작용하고 있는지 혹은 작용할 가능성이 있는지 점검할 필요가 있다.

(10) 조사대상자 선정 요인(selection)

둘 혹은 그 이상의 집단 간 차이를 조사하는 연구의 경우, 그 집단들에 속한 조사대상자들 간에는 개인적 특성의 차이가 없어야 한다. 만일 무작위로 배치하는데 실패하거나 기타의 이유로 각 집단에 속한 사람들이 서로 다른 개인적 특성을 지닌다면, 서로 다른 개인적 특성이 종속변인에 영향을 미침으로써 내적 타당도를 저해하는 가외변인으로 작용할 수 있다. 이와 같이, 각 집단에 속한 조사대상자들이 개인적 특성의 차이가 있고 이 차이가 연구결과에 영향을 미칠 때 개인적 특성의 차이를 가외변인으로서 조사대상자 선정 요인(selection problem)이라고 한다.

(11) 피험자 효과 요인(subect effect)

서로 다른 실험처치에 노출되는 여러 집단이 있는 경우, 일부 특정한 실험처치에 노출되는 집단의 피험자들은 그 실험처치의 독특성 때문에 연구자가 무슨 연구를 하고 어떤 결과를 기대하는지에 대해 추측할 수 있거나 눈치를 챌 수 있다. 반면에 다른 실험처치에 노출되는 집단은 이를 전혀 알 수 없는 경우가 있다. 이 때 연구의도에 대한 피험자들의 추측 차이가 연구결과에 영향을 미칠 수 있다. 이러한 효과를 피험자 효과라 한다.

예를 들면, 방송의 폭력 프로그램이 청소년들의 공격성향에 어떠한 영향을 미치는지 조사하려고 할 때, 한 청소년 집단에게는 폭력 프로그램을 보여주고 다른 청소년 집단에게는 평화로운 정서적 프로그램을 보여준다고 하자. 이 때 정서 프로그램을 본 청소년들은 특별한 추측이나 생각없이 연구에 임하는 반면에, 폭력 프로그램을 본 청소년 집단은 왜 학교에서 이런 프로그램을 보여주지 의심하면서 아마도 폭력 프로그램의 방송효과를 조사하려는 것이라는 추측을 했다면, 이러한 추측이 연구결과에 영향을 미칠 수 있다. 바로 피험자 효과 요인이 내적 타당도를 저해하는 가외변인으로 작동한 것이라고 할 수 있다.

(12) 시험 요인(testing)

두 번 시험보는 사람들은 첫 번째 시험보다 더 높은 점수를 맞거나(맞다/틀리다는 답을 갖는 경우라면), 더 평균적인 값을 갖는다(성격적 특성 등을 측정하는 경우). 시험에 대한 피드백을 전혀 주지 않는 경우에도, 공부를 더 할 수 있는 어떠한 기회를 주지 않더라도 그리고 두 번째 시험문제가 첫 번째와 난이도 등에서 비슷하거나 같더라도 이러한 경향은 언제나 나타난다. 바로 이러한 경향을 시험 효과라고 하며 종단연구에서는 시험효과가 가외변인으로 작용할 가능성이 있음을 염두에 두어야 한다.

(13) 실험처치와 기타 가외변인과의 상호작용 효과

어떠한 가외변인이라도 실험처치와 상호작용함으로써 연구결과에 영향을 미칠 수 있다. 위에서 열거한 내적 타당도의 위협 요인들이 존재할 때, 그 위협 요인 자체가 종속변인에 미치는 주효과는 존재하지 않더라도 실험처치와 함께 종속변인에 대한 상호작용 효과를 지닐 수 있다. 다른 내적 타당도 위협 요인과 실험처치가 종속변인에 대한 상호작용효과를 갖는지를 판단하는 작업은 매우 어려운 일이다. 연구자 자신의 지식, 경험, 그리고 자신이 오랫동안 공부하면서 키워온 노하우 등을 활용하여 상호작용 효과의 가능성을 논리적으로 찾을 수밖에 없다. 이에 대한 구체적 실례는 '실전 연습문제' 7번의 (5)에 있으니 이를 참조하면 된다. 문제를 풀면서 상호작용 효과의 가외변인을 고민해 본다면 연구아이디어를 찾는 능력을 기르는 데 많은 도움을 받을 것으로 기대된다.

(14) 기타

내적 타당도의 위협요인은 위에서 열거한 것들만 있는 것은 아니다. 비록 여기서 제시하지는 않았지만, 자료수집과정 중에 다양한 형태로 나타날 수 있다. 이를테면, 알 수 없는 이유로 조사대상자들이 정직한 응답을 하지 않았다면, 이 요인도 가외변인이 될 수 있다. 실제로 조사대상자들은 의식적으로 그리고 무의식적으로 자신의 속마음을 감추려는 성향을 지닌다. 특히, 프라이버시에 관한 질문일 경우 이런 성향은 더욱 커진다. 또, 어떤 경우에는 익명의 연구임에도 불구하고, 조사대상자들은 자신이 사회적으로 바람직한 사람이라는 것을 보여주고 싶어서 실제 자신의 행동과 다른 응답을 하는 경우도 많다. 이를 사회적 바람직성(social desirability) 요인이라고 하며 가외변인으로 작용하는 경우도 제법 있다. 이와 같이 내적 타당도를 저해시키는 다양한 기타의 위협 요인들이 있을 수 있는 만큼, 기존 연구논문을 읽을 때에는 연구설계와 진행상 어떠한 문제점이 있는가를 심사숙고하면서 다양한 관점에서 꼼꼼이 살펴보아야 한다.

핵심개념 내적 타당도 위협요인, 횡단연구, 종단연구, 실험자 효과 요인, 역사 요인, 도구 요인, 대응 표본 요인, 성숙 요인, 조사 대상자 탈락 요인, 관찰자/평가자 효과 요인, 순서 효과 요인, 회귀 요인, 조사 대상자 선정 요인, 피험자 요인, 시험 요인, 상호작용 효과 요인

3. 내적 타당도와 연구아이디어

내적 타당도를 추구하는 연구는 가외변인의 발생 가능성을 통제하는 것이 가장 중요한 과제 중 하나라고 할 수 있다. 가외변인이 내적 타당도를 위협하는 요인이기 때문이다. 그러나 어떠한 연구라도 가외변인이 발생할 가능성을 완벽히 막는 것은 거의 불가능하다. 단지, 연구에 따라 가외변인이 연구결과에 영향을 미치는 치명적인 정도에 차이가 있을 뿐이다. 따라서 우리가 연구를 진행할 때는 가외변인의 영향력이 최소화되도록 연구설계와 자료수집의 절차 및 과정에 최선을 다하면서 연구를 진행하려고 노력하여야 한다. 반면에 다른 연구자의 논문을 읽을 때에는, 연구설계 및 자료수집의 절차와 과정상에서 일어날 수 있는 다양한 문제점을 찾으려는 생각으로 접근하여야 한다. 가외변인은 잘못된 연구설계와 자료수집 절차 및 과정으로부터 주로 발생한다는 점을 꼭 명심하여야 한다.

자료수집의 관점에서 보면, 연구아이디어를 찾는 하나의 요령은 기존논문을 읽을 때 그 연구의 결과에 치명적으로 영향을 미치는 가외변인을 찾는 것이다. 위에서 언급한 내적 타당도 저해요인을 숙지하면, 가외변인을 찾는 데 도움을 받을 수 있다. 그러나 실험자 효과 요인, 도구 요인, 성숙 요인과 같은 내적 타당도 위협요인은 모호하고 막연한 용어로서 일반화시킨 이름에 지나지 않기 때문에, 가외변인을 찾을 때에는 구체적으로 어떠한 내적 타당도 저해요인이 문제가 되는지를 파악하여야 한다. 예를 들면, 사람들이 많이 보는 데에서 조사대상자들이 상대방을 비난할 때 어떠한 식으로 말하는지를 응답케 했다면 이 응답에는 관찰자 효과가 내적 타당도 위협요인으로 자료수집 과정에서 발생했을 가능성이 있다. 그러나 관찰자 효과란 용어 자체는 매우 추상적이기 때문에 정말 관찰자 효과가 가외변인의 하나로 작동했는지를 판단하기는 어렵다고 할 수 있다. 관찰자 효과에 해당하는 구체적 요인을 찾아내야만 연구결과에 대한 가외변인의 영향 여부를 정확히 추정할 수 있다. 이를테면, '제3자에게 자신의 이미지를 깎이지 않으려는 자신의 체면요인이 관찰자 효과의 한 종류일 수 있다'라는 식으로 보다 더 세부적이면서 구체적 요인을 찾아야 한다. 자신의 체면요인이 비난 메시지의 작성에 영향을 미칠 가능성이 있었다면, 이 요인이 바로 가외변인의 하나일 수 있다고 추론할 수 있다. 이와 같이 내적 타당도 위협요인을 구체화시킬 수 있을 때, 가외변인 여부를 판단하기가 용이하며 동시에 새로운 연구아이디어를 얻는 단서로 활용할 수 있다.

기존연구결과에 영향을 미치는 가외변인이 존재한다면, 그 연구가 발견한 '독립변인이 종속변인에게 이러이러한 영향을 미쳤다'는 하나의 해석과 '가외변인이 종속변인에게 이러이러한 영향을 미쳤다'라는 대안적 해석이 모두 가능하게 된다. 따라서 보다 더 정확한 연구결과를 얻기 위하여 그 연구를 수정하고 보완하는 연구가 다시 진행되어야 한다.

가외변인을 발견하고 그래서 기존연구의 결과에 대한 대안적 해석이 가능하다는 사실을 확인하면, 가외변인을 제거할 수 있는 자료수집절차와 과정을 찾아야 한다. 이러한 작업이 기존연구가 지니고 있는 문제점을 보완할 수 있기 때문이다. 이런 점을 고려하면, 자료수집과 관련하여 새로운 연구아이디어를 찾는 일은 크게 세 단계로 구성된다고 할 수 있다. 기존연구에 나타난 구체적인 가외변인을 찾는 단계, 가외변인으로 인하여 기존연구결과에 대한 대안적 해석이 가능한지의 여부를 판단하는 단계 그리고 만일 대안적 해석의 가능성을 배제할 수 없다면 이를 보완하는 자료수집의 절차와 과정을 찾는 단계가 그것이다.

누차 강조했듯이, 가외변인은 자료수집 과정에서 발생하기 쉽다. 이런 점에서, 자료수집 과정에서 일어날 수 있는 문제점을 날카롭게 찾아내는 능력이 가외변인을 발견하는 토대라고 할 수 있다. 자료수집과 연관된 문제점을 찾는 일은 결코 간단하거나 쉬운 작업이 아니다. 자료수집에 대한 풍부한 지식, 자료수집의 문제점을 찾으려는 부단한 고민과 사색, 다양한 자료수집의 연구를 읽고 만난 경험 그리고 끊임없는 노력이 뒤따라야만 가능한 일이라고 할 수 있다. 단지, 여기서 도와줄 수 있는 일은 먼저 횡단연구인지 혹은 종단연구인지를 확인한 후 위에서 언급한 내적 타당도 위협요인들을 중심으로 자료수집의 문제점을 검토하고 파악하라는 것이다. 그리고 나서, 내적 타당도의 위협요인을 구체화시킴으로써 연구결과에 영향을 미칠 수 있는 가외변인을 찾아내야 한다. 이러한 연구아이디어를 출현케 하는 가외변인을 찾는 능력은 각자의 노력과 학습을 통해 완성시켜야 하는 능력이라고 할 수 있다.

4. 표집오차와 외적 타당도를 위협하는 요인들

앞서 지적한 바와 같이, 외적 타당도를 위협하는 요인은 크게 두 가지이다. 하나는 표본이다. 외적 타당도는 '연구결과를 일반화시킬 수 있는 가능성의 정도'이기 때문에 외적 타당도를 높이기 위해서는 모집단에 대한 표본의 대표성이 매우 중요하다. 표본이 모집단에 대한 대표성을 잃고, 특정 부류의 사람들로 구성되면 그 만큼 연구결과를 모집단에 속하는 모든 사람들에게 일반화시키기가 어렵기 때문이다. 이를테면, 낮시간 동안 집으로 전화를 걸어서 전국민을 대상으로 하는 여론조사의 자료를 수집했다면, 낮시간 동안에 집에 머무르고 있을 사람들은 주로 주부나 노인층이라는 특정 부류의 사람들로 추정할 수 있다. 따라서 이렇게 수집된 자료로 분석한 여론조사결과는 전국민의 여론과 다를 수 있다. 만일 그렇다면, 이 여론조사의 결과를 모든 사람에게 일반화시킬 수 있을 가능성은 낮기 때문에 외적 타당도가 낮은 여론조사라고 판단할 수 있다. 따라서 외적 타당도를 높이기 위해선 표본이 모집단을 대표할 수 있도록 표집하는 것이 중요하다.

표본이 모집단을 대표하지 못하고 모집단과 차이가 있는 정도를 표집오차라고 한다. 표집이란 표본을 뽑는 일을 의미한다. 따라서 표집오차는 표본을 무작위나 혹은 모집단을 대표할 수 있는 방식으로 뽑지 못했을 때 발생하는 오차라고도 말할 수 있다. 표집오차를 줄일 수 있는 가장 쉬운 방법은 표본의 크기를 증가시키는 것과 무작위 표집을 이용하여 표본을 뽑는 것이다. 표본의 수(혹은 크기)를 늘릴수록 표본은 모집단과 유사한 특성을 지니게 되어 결과적으로 모집단을 대표할 가능성이 높아진다. 또한 모집단에 속해 있는 사람들이 표본으로 선정될 확률이 같을수록 그 표본은 모집단을 대표할 개연성이 높아진다. 그러나 이 두 방법 모두는 현실적으로 실행하기가 결코 쉽지 않기 때문에 대부분의 연구는 정도의 차이는 있지만 표집오차를 근본적으로 지니고 있다고 할 수 있다.

표본과 모집단 간의 차이를 의미하는 표집오차는 외적 타당도에만 영향을 미치는 요인이 아니다. 내적 타당도를 직접적으로 저해하는 요인으로 작용할 수도 있다. 표본이 모집단과 성격이나 특성이 다르면 다를수록, 즉 표집오차가 크면 클수록 연구결과를 모집단에 일반화시킬 수 있을 가능성인 외적 타당도가 낮아지는 것은 당연하다. 그러나 모집단과 다른 표본의 특성이나 성격이 종속변인의 측정결과에 영향을 미쳐서 때로는 내적 타당도를 낮추기도 한다(앞에서 제시된 '아침에 등교하는 학생들로 구성된 표본 대 오후에 등교하는 학생들로 구성된 학생들의 학습효과 연구'가 이러한 한 예라고 할 수 있다). 뿐만 아니라, 모집단과 다른 표본의 성격이나 속성 혹은 특성이 실험처치와 때로는 상호작용함으로써 표집오차가 종속변인에게 영향을 미치는 경우도 있다(이에 대한 예로는 생각해 볼 문제 참조). 이와 같이, 표집오차가 내적 타당도를 낮추는 저해요인으로 작용할 수도 있다.

외적 타당도를 저해시키는 또 다른 위협요인이 있다. 자료가 수집되는 상황이다. 자료의 수집이 제한되고 한정된 상황에서 이루어졌다면, 연구결과가 과연 그 상황 이외의 모든 상황에서도 적용가능하고 일반화될 수 있는지를 고민해 보아야 한다. 특히, 실험연구의 경우 자료가 수집되는 상황적 측면에서 외적 타당도의 문제가 없는지를 더욱 면밀히 검토해 보아야 한다. 실험 연구는 실험처치를 가하는 인위적 상황에서 자료를 수집하는 방법론이기 때문이다. 물론, 대부분의 실험연구는 내적 타당도 연구여서 외적 타당도는 중요한 목표가 아니지만 때때로 외적 타당도도 확보해야 하는 실험연구도 있을 수 있다. 외적 타당도를 보장받으려면 자료수집을 최대한 사회현실과 비슷한 상황에서 수행하는 것이 바람직하다. 예를 들면, 어린아이들이 놀이감으로 휴대폰을 사용할 때 어떠한 영향을 미치는지 조사하려고 한다고 하자. 이 때 장난감도 없고 먹을 것도 없고 책도 없는 등의 상황에서 휴대폰만 어린아이들에게 주었다고 하자. 이러한 상황은 현실에서 어린아이가 놀 때의 상황과 다르기 때문에 이러한 인위적 상황에서의 연구결과가 현실에서도 동일하게 나타날 것이라고 말하기 어렵다. 다시 말하면, 이 같은 연구결과는 연구상황의 인위성으로 인하여 외적 타당도가 낮은 연구결과라고 지적받을 수 있다.

요약하면, 외적 타당도는 표본과 자료수집상황이 문제가 있을 때 저해받을 수 있다. 특히, 표집오차는 내적 타당도의 저해요인으로도 작용하기도 한다. 가장 바람직한 연구는 내적 타당도와 외적 타당도 모두를 확보할 수 있는 연구임은 두말할 나위가 없다. 그러나 내적 타당도가 중요해서 이의 확보를 목표로 하는 연구의 경우, 즉 종속변인에 대한 독립변인의 효과를 파악하려는 연구의 경우 때로는 외적 타당도를 희생시킬 수 있다. 내적 타당도를 높이면서 외적 타당도를 확보할 수 있는 대안이 없는 경우 부득이 외적 타당도를 희생하는 것은 연구의 치명적 결함이 아니라고 할 수 있다는 것이다.

5. 외적 타당도와 연구아이디어

외적 타당도가 중요한 연구라면, 기존 연구들이 어느 정도의 외적 타당도를 지니고 있는 연구인지를 표본과 자료수집상황의 관점에서 면밀히 검토해 보아야 한다. 만일 문제점을 발견한다면, 이를 새로운 연구의 출발 아이디어로 삼을 수 있기 때문이다. 외적 타당도를 따질 때에도, 외적 타당도의 저해 요인이 구체적으로 무엇인지를 알아내도록 노력하여야 한다. 이를테면, 대학생들을 대상으로 임금피크제 도입과 청년일자리의 관계에 대한 연구를 실행했다면, 막연하게 대학생들과 일반인은 다르니까 이 연구의 결과를 일반화시키는 것은 무리다라고 결론짓지 않아야 한다. 이러한 막연하고 모호한 추론은 새로운 연구아이디어를 찾는 단서로 활용될 수 없기 때문이다. 보다 더 구체적으로 외적 타당도의 저해요인을 찾아야 한다. 아무리 모집단과 표본의 차이가 같은 연구들이라고 하더라도(이를테면, 모집단이 일반인이고 표본이 대학생인 연구가 여럿 있더라도), 연구의 목적에 따라 각 연구의 구체적인 외적 타당도 저해요인이 달라질 수 있기 때문이다. 예를 들면, 임금피크제 연구의 경우는 대학생들과 일반인들 간에는 자신에게 중요한 정도인 관여도라는 요인의 크기에 대한 차이가 있을 수 있고, 이 요인으로 인하여 대학생들을 대상으로 행한 연구결과와 일반인을 대상으로 행한 연구결과가 다를 가능성이 높다. 만일 이것이 사실이라면, 대학생들을 대상으로 행한 이 연구결과는 일반인에게 일반화시켜 적용할 수 없고 그래서 외적 타당도가 낮은 연구결과라고 지적할 수 있을 것이다. 반면에 대학생들을 대상으로 대인설득전략을 조사한 연구가 있다면, 대학생들은 일반인처럼 이미 언어적인 학습과 언어 습관이 완성된 성인이라고 볼 수 있기 때문에, 대학생들의 대인설득전략에 대한 연구결과는 일반인에게도 적용할 수 있고 그래서 외적 타당도에 대한 문제가 심각하지 않는 연구결과라고 할 수 있다. 이는 자료수집상황에도 동일하게 적용되어야 함은 물론이다.

요약하면, 외적 타당도와 관련하여 새로운 연구아이디어를 찾는 요령은 표본과 자료수집상황에 초점을 맞추는 것이다. 외적 타당도를 추구하는 기존 논문들을 읽을 때, 이들 연구들이 표본과 자료수집상황의 관점에서 어떠한 문제점을 안고 있는지 파악하려고 노력하여야 한다. 문제점을 찾는다는 의미는 구체적으로 외적 타당도를 저해하고 있는 표본 요인과 자료수집상황 요인을 발견해야 한다는 뜻이다. 내적 타당도와 마찬가지로, 외적 타당도를 낮출 가능성이 있는 저해요인을 구체적으로 찾을 때에만 이 요인을 이용하여 새로운 연구아이디어로 발전시킬 수 있기 때문에, 표본 요인과 자료수집상황 요인에 해당하는 구체적이고 세부적인 요인을 찾으려고 노력해야 한다.

௸ 생각해 볼 문제 ௸

1. 연구의 성격과 연구목적에 따른 연구의 종류는 무엇인가

2. 연구의 시점에 따른 연구의 유형에는 무엇이 있는가

3. 연구설계오차의 발생원인은 무엇인가

4. 자료수집과정에서 발생하는 내적 타당도의 저해요인에는 어떠한 것이 있는가

5. 외적 타당도의 저해요인에는 어떠한 것이 있는가

6. 조사대상자 탈락 요인이 가외변인이 될 가능성이 있는 경우, 올바른 연구결과를 얻기 위한 해법은 무엇일까?

7. 다음의 연구들은 어떠한 문제점이 있으며, 연구결과에 대한 대안적 해석이 가능한지 그리고 있다면 이를 보완할 수 있는 연구방식은 어떠한 것이 있을 수 있는지에 대하여 논의하시오.

(1) 신문광고가 상품판매에 효과가 있는지를 조사하려고 한다. 신문광고와 상품판매의 인과관계를 조사한 연구는 작은 소도시에서 진행되었다. 조사대상자들은 규칙적으로 식품을 사기 위해 마트에 오는 그래서 점원들이 잘 아는 142명의 여성고객이었다. 실제 조사하는 날 바로 전까지 4일간 연속해서 지역지에 28개 품목을 할인한다는 광고를 냈다. 연구의 목적은 신문광고가 이들 품목의 판매량에 대한 차이를 야기하는지를 파악하는 것이다.

4일간의 광고 다음날, 자료를 수집하였다. 각 조사대상자가 판매카운터에 오면, 점원이 광고물품을 샀는지를 확인하고 만일 하나 이상의 품목을 샀으면 신문광고를 보고 그 품목을 샀는지 묻고 조사대상자의 응답을 기록하는 방식으로 자료를 모았다. 같은 사람이 여러 차례 마트에 오더라도 첫 번째 방문만 자료수집대상으로 삼았다.

연구결과는 142명의 여성고객들 모두가 광고품목 1개 이상을 산 것으로 나타났다. 99명은 신문의 광고를 읽었던 반면에 43명은 읽지 않았다고 응답했

다. 이러한 응답을 토대로, 연구자는 신문광고를 읽는 것이 신문광고를 읽지 않는 것보다 광고품목의 구매를 증가시킨다고 결론을 내렸다.

더 나아가서, 계층에 따라 신문광고의 효과가 다른지도 조사해 보았다. 사회경제적 지수(SES)는 고객들을 매우 잘 아는 마트의 점원들이 사회경제적 평가척도를 이용하여 평가하였다. 이 정보를 이용하여, 중류층과 하류층의 신문광고효과를 비교하였다. 비교해 본 결과, 중류층과 하류층 간에는 차이가 있었다. 그래서 연구자는 '신문광고는 하류층 소비자들로 하여금 더 많이 구매하도록 영향을 미치는 경향이 있다'라고 밝히고 있다.

이 연구에 기초하여, 신문광고가 정말 구매효과를 야기한다고 말할 수 있는가? 중류층보다 하류층에게 신문광고효과가 정말 더 크다고 결론지을 수 있는가?

(2) 미국의 한 작은 도시에서 최근에 서로 다른 네 단체(교육, 검찰 등)의 장을 뽑는 지방자치 선거가 있었다. 이 지역의 한 지방신문은 당선요인에 대해 관심이 있었다. 피상적인 조사를 한 후, 이와 관련하여 다음과 같은 내용으로 보도하였다.

"이번 지방자치 선거의 당락을 결정했던 공통분모는 무엇이었는가? 현직 교장이 낙선했기 때문에 재임이라는 요인이 공통분모가 아니었다. 공화당원 3명과 민주당원 1명이 당선되었기 때문에 정당도 아니라고 할 수 있다. 그 답은 나이다. 네 자리 모두 더 젊은 후보자들이 당선되었다"

이 보도기사를 그대로 받아들일 수 있는가? 이 신문이 제안한 공통분모 이외에 그럴싸한 대안 가설이 있을 수 있는가? 있다면, 그것은 무엇인가?

(3) 펩시콜라와 코카콜라의 시장 점유율은 1 대 3이다. 이에 불만을 늘 품고 있던 펩시회사는 '맛 선호도' 조사를 실시하기로 마음 먹었다. 펩시와 코카의 브랜드명을 지우고, 펩시 컵에는 M 그리고 코카 컵에는 Q라는 알파벳을 써 놓고, 두 잔을 마시게 한 다음에 브랜드명을 모르는 고객들에게 어떤 콜라의 맛이 더 좋은지를 물었다. 이 결과, 1/2 이상의 고객들이 펩시가 코카보다 더 맛이 좋고 선호한다라고 응답하였다. 이러한 결과에 영향을 미칠 수 있는 맛 이외의 다른 가외요인은 없겠는가?

(4) 다음은 영국의 글래스고우에서 한 대학교수가 행한 흥미로운 연구이다. 실내에서 빨래를 말리는 것이 건강에 부정적인 영향을 미치는지를 알아보기 위하여 세균의 수, 곰팡이의 양 및 발암물질의 양을 실내에서 빨래를 말릴 때와 그렇지 않을 때를 비교해 보았다. 비교 분석해 본 결과, 실내에서 빨래를 말리는 경우가 그렇지 않은 경우에 비하여 세균의 수, 곰팡이의 양 및 발암물질의 양이 모두 증가하는 것으로 나타났다. 그 이유는 실내에서 빨래를 말리는 경우 실내의 습도가 약 80도 정도로 증가함으로써 곰팡이나 세균의 서식 환경이 좋아지기 때문인 것으로 밝혀졌다. 또한 빨래를 할 때 사용하는 세제류로부터 나온 발암물질이 실내환경을 악화시키는 것으로 확인되었다. 이러한 결과를 토대로 실내에서 빨래를 말리는 것은 건강에 나쁜 영향을 미친다고 연구자는 결론지었다. 이러한 결론은 타당한가? 타당하지 않다면 그 이유와 대안적 결론은 무엇일까?

(5) 기대배반 이론에서 정보원이 수용자의 예상과 같은 방향으로 이야기하는 설득 메시지를 기대확인 메시지라 하는 반면에, 정보원이 수용자의 예상과 다른 방향을 이야기하는 설득 메시지를 기대배반 메시지라 한다, 기대배반 이론의 예측대로 다음과 같은 가설을 검증하려고 한다. '기대배반 메시지가 기대확인 메시지보다 더욱 설득효과가 클 것이다.' 이 가설을 입증하기 위하여 연구자 A는 대학생들을 표본으로 선정하고, 이들 표본을 다시 두 집단으로 나누어서 한 집단에게 '노동자가 성과연봉제'를 찬성하는 메시지를 보여준 후 설득효과를 측정하였다. 반면에 다른 집단에게는 '노동자가 성과연봉제'를 반대하는 메시지를 보여준 후 설득효과를 측정하였다.

같은 가설을 검증하기 위하여 연구자 B는 노동자를 표본으로 선정하고, 이들 표본을 다시 두 집단으로 나누어서 한 집단에게 '노동자가 성과연봉제'를 찬성하는 메시지를 보여준 후 설득효과를 측정하였다. 반면에 다른 집단에게는 '노동자가 성과연봉제'를 반대하는 메시지를 보여준 후 설득효과를 측정하였다.

이 때 연구자 A와 연구자 B의 연구결과는 동일할까? 만일 같은 연구결과가 나오지 않는다면, 그 이유는 무엇일까?

힌트

(1) 신문읽기 이외의 가외변인 가능성, 직원의 rater effect, 중류층이 체면을 구길까봐 광고보지 못했다고 답했을 가능성 등)

(2) 젊음 이외의 가외변인 가능성(광고총액, 선거원수, 선거에 총력을 기울인 정도 등)

(3) M/Q의 bias, novelty effect(익숙한 맛 대 익숙하지 않은 맛), ordering effect 등

(4) 글래스고우는 습도가 높은 지역이다(건조한 지역에서 연구를 했다면 다른 결과가 나올 가능성). 세제류에서 나오는 발암물질의 양은 건강에 영향을 미칠 정도로 많은 양이 아니라 미미한 양에 불과하다.

(5) 설득메시지 주제에 대한 관여도

Chapter 6

통계 및 기타 그리고 연구아이디어

이 장에서는 통계처리와 관련된 문제점을 논의하면서 기존 연구의 통계분석결과로부터 연구아이디어를 찾는 요령을 설명하려고 한다. 통계는 수많은 가정과 전제가 있기 때문에 이로 인하여 통계분석의 과정은 여러 오류를 포함하고 있다. 이를 이해하면, 기존 논문들의 통계분석결과를 보다 더 정확히 해석함으로써 이들이 안고 있는 문제점을 읽는 눈이 키워질 것이다. 그리고 이를 통해 새로운 연구아이디어를 얻을 수 있을 것이다. 앞서 누차 강조했듯이, 문제점을 파악하는 일이 연구아이디어의 단초이기 때문이다. 더 나아가서 이 장에서는 연구아이디어를 찾는 데 도움이 되지만, 지금까지 미처 설명하지 못했던 내용을 보완적으로 서술하려고 한다. 이 장의 내용이 연구아이디어를 찾는 데 도움이 되었으면 하는 바람이다. 이 장을 다 공부하고 나면 다음의 내용을 이해할 것이다.

- 연구 관점에서 본 평균과 변량의 의미
- 변량의 종류
- 통계분석의 과정에서 발생하는 오류
  * 제1종 오류와 제2종 오류
  * 유의도 검증의 오류
  * 통계기법의 가정에 대한 오류
- 통계분석에서 일어날 수 있는 가능한 오류
  * 선형적 관계의 오류
  * 상관관계 대 인과관계를 구분 못하는 오류
  * 불안정성의 오류(연구자 자신이 수집한 데이터를 기반으로 한 결론의 오류)

1. 연구관점에서 본 평균과 변량의 의미

과학적 연구는 크게 보면 두 과정으로 구성된다. 하나는 자료를 수집하는 과정이다. 이 과정에서는 조사하고자 하는 사회현상이나 변인을 측정하여 자료를 수집한다. 다른 하나는 통계분석 과정이다. 이 과정에서는 수집된 자료를 통계적으로 분석하고 이의 결과를 해석한다.

통계분석의 기본은 평균과 변량(variance)이다. 수리적으로, 평균은 변인의 측정값을 모두 더해서 총합값을 계산한 후, 이 총합을 변인을 측정하는 데에 사용한 표본의 크기로 나눈 값이다. 변량은 평균을 중심으로 측정값이 흩어져 있는 정도를 의미한다.

연구상에서 그리고 연구아이디어의 관점에서 평균과 변량의 의미는 단순한 통계적 의미가 아닌 그 이상의 의미를 지닌다. 사회과학 연구는 독립변인이 종속변인에게 미치는 영향 혹은 효과를 알아보는 것이라고 할 수 있다. 종속변인에 대한 독립변인의 효과를 통계적으로 파악하기 위해서는 종속변인의 평균과 변량을 계산하는 것이 필요하다. 연구 상에서 종속변인의 평균은 독립변인의 영향으로 인한 값의 의미를 지니기 때문이다. 반면에 종속변인의 변량은 개인차 요인으로 인해 발생한 값이라는 의미를 지닌다. 예를 들어 설명해 보자. 성별에 따라 문자메시지를 보내는 횟수에 차이가 있는지를 알아보려고 한다. 이 연구의 독립변인은 남자와 여자 유목으로 구성된 성별이며 종속변인은 문자메시지를 보내는 횟수이다. 두 변인을 측정하여 계산해 본 결과, 남자는 하루 평균 10번 문자메시지를 보내는 반면에 여자는 하루 평균 20번 문자메시지를 보내는 것으로 나타났다고 하자. 하루에 평균적으로 13번 문자메시지를 보내는 한 남자가 있다면, 10번은 그가 남자이기 때문에 보내는 것이고 3번은 그가 평균적인 남자들과 개인적인 특성 등의 면에서 차이가 있기 때문이라고 볼 수 있다.

보다 더 남자들의 측정값을 자세히 들여다 보면, 평균값은 10이지만 남자들이 문자메시지를 보내는 횟수는 정확히 10번이 아니라 10을 중심으로 들쑥날쑥 할 것이다. 6번 보내는 남자, 12번 보내는 남자, 15번 보내는 남자 등등 다양한 남자들이 있을 것이다. 대한민국의 평균적인 남자는 하루 10번 보냄에도 불구하고, 이들은 왜 다른 횟수의 문자메시지를 보낼까? 그 이유는 남자들이더라도 서로 서로 개인적인 특성이나 성향 등에서 차이가 있기 때문이라고 할 수 있다. 바꿔 말하면 평균을 중심으로 들쑥날쑥 흩어져 있는 값들, 즉 변량값이 발생하는 원인은 개인차로 인한 것이라고 할 수 있다. 개인차 요인은 심리적 특성의 차이, 인지적 차이 혹은 그 날 개인의 컨디션 등등 너무나 많은 요인을 뭉뚱그려 편의적으로 표현한 용어에 불과하기 때문에 정확히 무슨 요인인지는 알 수 없다. 그래도 우리가 말할 수 있는 것은 종속변인의 평균은 독립변인의 영향으로 인해 발생하는 값인 반면에, 종속변인의 변량은 같은 독립변인의 유목(혹은 수준)에 속한 표본들이 지니고 있는 개인차 요인으로 인해서 발생하는 값이라고 할 수 있다.

평균과 변량이 연구 상에서 이러한 의미를 지니기 때문에 남자와 여자가 문자메시지를 보내는 횟수에 있어서 평균차이가 크다면, 성별이라는 독립변인이 문자메시지를 보내는 횟수인 종속변인에 미치는 영향력이 크다는 것을 뜻한다. 반면에 남자 집단 내에서 발생하는 변량값과 여자 집단 내에서 발생하는 변량값은 각각 남자들과 여자들이 지니고 있는 개인차의 정도를 말해 준다. 남자 집단의 변량이나 여자 집단의 변량이 크면 클수록, 종속변인(문자메시지를 보내는 횟수)에 대한 개인차 요인의 영향력이 크다는 것을 의미한다. 상대적으로, 개인차 요인의 영향력이 클수록 독립변인의 영향력은 줄어든다고 할 수 있다. 따라서 각 집단의 변량이 클수록, 종속변인에 대한 독립변인의 영향력은 하찮다(trivial)고 할 수 있으며 독립변인 이외의 다른 요인들이 종속변인에 더 지대한 영향력을 발휘할 가능성이 높다는 것을 암시한다. 이 점에 착안하여, 기존 논문을 읽을 때 변량을 유심히 보면서 다른 독립변인의 존재 가능성을 심사숙고하여야 한다. 이러할 때 좋은 새로운 연구아이디어를 찾을 가능성이 커진다고 할 수 있다.

위에서 지적한 이유 때문에 만일 남자집단과 여자집단의 변량이 상당한 차이가 있다면, 두 집단의 표본은 개인차 요인, 즉 개인의 특성 측면에서 서로 다른 성질을 지니고 있다고 할 수 있다. 다른 말로 하면, 남자 표본들이 지니고 있는 개인적 성향이나 특성 등이 여자 표본들이 지니고 있는 개인적 성향이나 특성 등과 서로 다르다는 것을 의미한다. 개인적 특성이 서로 다른 두 집단이 있다면, 두 집단은 이질적(heterogeneous)인 집단이라고 한다. 반면에 개인적 특성이 비슷한 두 집단을 동질적(homogeneous)인 집단이라고 한다. 통계적으로 변량을 이용하여 집단들의 동질성과 이질성을 판단한다.

동질성을 지니는 두 집단, 즉 변량이 비슷한 두 집단이라면 개인적 특성이 같기 때문에, 개인적 특성이 종속변인에 미치는 효과가 두 집단 모두에서 비슷하다고 할 수 있다. 개인차 요인이 가외변인으로 작용할 가능성이 낮다는 말이다. 반면에 이질적인 집단들의 경우, 개인차 요인이 연구결과에 미치는 효과가 서로 다를 수밖에 없다. 이런 이유에서, 개인차 요인이 가외변인으로 작용할 가능성이 있다. 따라서 기존 논문을 공부할 때, 집단들의 변량을 비교하면서 읽는 습관을 들여야 한다. 만일 각 집단의 변량 차이가 상당하다면 개인차 요인(selection problem)이 가외변인으로서 연구결과에 영향을 미칠 수 있고, 만일 이것이 사실이라면 가외변인으로 작용하고 있는 특정한 개인차 요인을 논리적으로 찾아내야 한다. 이러한 과정이 새로운 연구아이디어를 찾는 토대이기 때문이다.

핵심개념 평균, 변량, 독립변인 효과의 통계적 의미, 개인차 요인 효과의 통계적 의미, 동질성, 이질성

2. 변량을 알면 새로운 연구아이디어가 보인다

통계를 통해 연구아이디어를 얻는 데 가장 필요한 지식이 변량이다. 여기서는 변량의 종류와 그 의미에 대해 살펴보려고 한다.

(1) 변량의 종류

누차 강조했듯이, 일반적으로 사회과학 분야의 연구는 독립변인이 종속변인에게 미치는 효과를 조사하려는 것이 주된 목적이다. 통계적인 관점에서 종속변인에 대한 독립변인의 효과의 유무를 판단하는 데에 주로 쓰이는 통계치는 변량이다. 독립변인의 효과를 파악하는 용도로 변량이 쓰일 수 있는 원리를 간단히 알아보자.

지금 사회계층(상·중·하류계층)이 인터넷 사용시간에 미치는 효과를 조사하려고 한다고 하자. 이러한 목적을 이루기 위해, 상류층과 중류층 및 하류층에 속하는 각 5명의 응답자들에게 인터넷 사용시간을 질문하여 측정하였다. 이 측정결과는 〈표 6-1〉과 같았다고 가정하자.

위 데이터에서 계산할 수 있는 변량의 종류는 크게 세 가지이다. 하나는 상류층에 속하는 사람들만의 데이터값으로 계산된 변량이다. 상류층이라는 같은 집단에 속하는 구성원들의 응답값으로 계산된 변량이기 때문에 이 변량을 집단내 변량(within-group variance)이라고 부른다. 중류층과 하류층에서도 각각 집단내 변량을 계산할 수 있음은 물론이다.

다른 하나는 세 집단의 평균값을 가지고 계산한 변량값이다. 즉, 상류층과 중류층 및 하류층의 평균값인 5, 15, 25로 계산된 변량이다. 이 변량은 서로 다른 집단의 평균으로 계산한 변량이기 때문에 집단간 변량(between-group variance)이라고 한다. 집단간 변량의 발생원인은 독립변인에 있다. 독립변인의 유목에 따라 집단

표 6-1 사회계층별 인터넷 사용시간에 대한 가상적인 데이터의 예

	상류층	중류층	하류층
	3	13	23
	4	14	24
	5	15	25
	6	16	26
	7	17	27
평균	5	15	25

이 구성되기 때문이다. 그래서 만일 독립변인의 유목으로 인하여 만들어지는 집단들의 특성이 같다면 각 집단은 동일한 평균값을 가지고 결과적으로 집단간 변량은 0값을 갖게 된다. 따라서 집단간 변량값이 0에 가까울수록 종속변인에 대한 독립변인의 효과가 없는 것이라고 할 수 있다.

마지막은 전체변량이 있다. 전체변량(total variance)은 집단간 변량과 집단내 변량을 합친 값이다. 전체 변량은 집단간 변량과 집단내 변량을 더함으로써 계산할 수 있지만, 전체 응답자의 데이터값으로도 계산할 수 있다. 위의 예에서 응답자 15명 모두의 값으로 변량을 계산했다면 바로 이 변량이 전체 변량이다. 두 변량을 더해서 계산한 변량값이나 전체 데이터값으로 계산한 변량값은 같다.

핵심개념 집단내 변량, 집단간 변량, 전체 변량

(2) 집단내 변량의 발생원인들

집단간 변량은 독립변인으로 인해 발생하는 변량이라고 말할 수 있지만, 집단내 변량의 발생원인은 매우 다양해서 한마디로 이것이다라고 꼭 집어 말할 수 없다. 비록 구체적인 원인은 지목할 수 없지만, 개략적으로는 집단내 변량을 발생시키는 원인을 유형화해 볼 수 있다. 오차변량의 주요 원인들로는 크게 이론적 원인, 방법론적 오차들 및 관찰범위의 제한 등이 있다. 이들에 대해 하나씩 살펴보자.

1) 이론적 원인

집단내 변량을 발생시키는 이론적 원인은 크게 네 가지로 요약할 수 있다. 하나는 특정한 사회현상의 하나인 종속변인에 영향을 미칠 수 있는 요인들이 하나가 아니라 이론적으로 수없이 많기 때문이다. 하나의 독립변인이 종속변인을 완벽히 예측하거나 종속변인의 완전한 결정요인이 되는 경우는 사회현상에서 존재하지 않는다고 할 수 있다. 만일 독립변인 이외에 수많은 다른 요인들이 종속변인에 영향을 미치거나 종속변인의 결정요인으로 작용한다면 이들 요인의 영향력은 모두 집

단내 변량값 안에 포함되기 때문에 집단내 변량값이 자연스럽게 증가한다. 예를 들면, 인터넷 사용시간에 영향을 미치는 요인은 사회계층뿐만 아니라 성별, 인터넷 흥미도 등 수없이 다양한 요인들이 있다면, 현재 연구를 하는 독립변인이 단지 사회계층뿐이기 때문에 나머지 요인들에 의한 효과는 모두 집단내 변량값에 더해진다. 이의 결과로서 집단내 변량값은 증가한다고 할 수 있다.

또한 이론적인 측면에서 독립변인이 종속변인과 간접적 관계를 지니면 집단내 변량이 증가할 수 있다. 독립변인이 직접적으로 종속변인에 영향을 미치는 것이 아니라 매개변인(mediating variable)을 통해 영향을 미친다면(즉, X → Z → Y의 관계가 있다면), 독립변인이 종속변인에게 영향을 미치는 강도가 약화되기 때문에 집단내 변량이 증가한다. 참고로, 독립변인과 종속변인의 관계값은 독립변인과 매개변인의 관계값과 매개변인과 종속변인의 관계값을 곱한 값으로 계산된다.

독립변인과 종속변인이 선형적 관계가 아니라 곡선적 관계를 지닐 때도 집단내 변량이 증가할 수 있다. 보통 사회과학, 특히 커뮤니케이션 과학이 지니는 문제점 중 하나는 독립변인과 종속변인의 관계를 선형적(혹은 직선적) 관계로 전제한다는 것이다. 예를 들면, 친할수록, 신뢰성이 증가한다는 식으로 연구를 한다는 것이다. 독립변인과 종속변인의 관계를 선형적 관계로 보는 까닭은 다양하겠지만, 연구상의 편의성과 통계기법상의 한계 때문일 가능성이 높다. 곡선적 관계의 경우, 선형적 관계에 비하여 연구시 관찰 시점이 훨씬 많아야 하기 때문에 연구에 쏟는 에너지가 엄청나게 투입되어야 한다. 또한 가설검증을 위한 대부분의 통계기법은 선형적 관계를 검증하는 데에 더 적합하다는 점도 연구자가 선형적 관계의 명제나 가설을 선호하는 이유라고 볼 수 있다. 물론 대조효과를 검증하는 기법(contrast test of ANOVA)과 같이 곡선적 관계를 검증하는 통계기법이 있기는 있다. 곡선적 관계임에도 선형적 관계로 연구했다면 그만큼 독립변인의 효과가 줄어들기 때문에 상대적으로 집단내 변량의 크기가 증가한다.

사실 많은 사회현상들 간의 관계는 선형적 관계라기보다는 곡선적 관계에 있다고 보는 것이 타당하다고 할 수 있다. 예를 들면, 사람 수와 커뮤니케이션 양의 관계를 보자. 사람 수가 일정한 수로 증가할 때까지는 전체적인 커뮤니케이션 양이 증가할 것으로 예상되지만 일정 수의 사람을 넘으면 오히려 커뮤니케이션 양이 감소할 가능성이 있다. 사람 수와 커뮤니케이션 양은 선형적 관계가 아니라 곡선적 관계에 있을 가능성이 있다는 것이다. 주변에 둘러보면 이와 유사한 사회현상을 많이 목격할 수 있다. 독립변인과 종속변인을 선형적 관계로 전제할 이유가 없다. 이러한 점을 고려한다면, 여러분들은 사회현상을 관찰하면서 이들의 관계가 선형적 관계인지 혹은 곡선적 관계인지를 고민하면서 가능성있는 답을 찾으려는 자세를 가질 필요가 있다.

끝으로, 독립변인과 종속변인의 관계를 중재하는 제3의 변인인 조절변인(moderating variable)이 존재할 때도 집단내 변량이 증가한다. 독립변인과 조절변인이 상호작용적으로 종속변인에 영향을 미친다면 종속변인에 대한 독립변인의 효과가 그만큼 반감되기 때문에 집단내 변량이 증가한다고 할 수 있다. 조절변인의 존재가능성에 대한 하나의 암시는 종속변인에 대한 독립변인의 효과가 연구마다 다른 결과를 보이는 것이다. 이 같은 경우, 독립변인과 종속변인 간의 관계에 제3의 변인이 조절변인으로 존재할 가능성이 높다.

요약하면, 집단내 변량을 발생시키는 이론적 원인은 종속변인에 대한 독립변인의 효과를 반감시키는 요인들이라고 할 수 있다. 구체적으로, 종속변인에 영향을 미치는 독립변인 이외의 기타요인들이 존재할 때, 독립변인과 종속변인의 관계를 매개하는 매개변인이 존재할 때, 독립변인과 종속변인이 곡선적 관계에 있을 때 그리고 상호작용효과를 일으키는 조절변인이 존재할 때 집단내 변량은 상대적으로 증가한다고 할 수 있다.

2) 독립변인의 측정범위 제한(restriction of range)

독립변인의 측정이 최댓값과 최솟값의 전 범위에서 이루어지지 못하고 일부 제한된 범위 내에서만 이루어지는 경우 집단내 변량이 증가한다. [그림 6-1]에서 보듯이, 독립변인의 값이 제한된 범위 내에서 이루어지면 독립변인과 종속변인 간의

그림 6-1 독립변인의 측정범위 제한으로 인한 효과

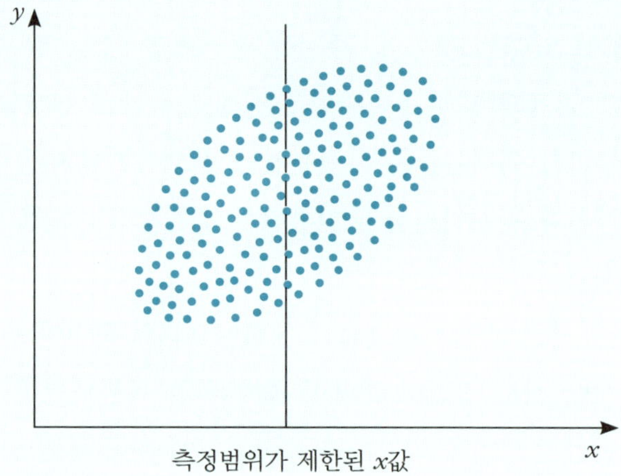

관계가 실제보다 작은 것으로 나타난다. 독립변인과 종속변인이 선형적으로 나타날수록 강력한 관계인 반면에, 원형의 모습을 보일수록 독립변인과 종속변인이 관계가 없음을 의미한다. 독립변인의 측정범위가 제한되면 실제로 독립변인과 종속변인이 선형적 관계를 갖는다고 하더라도 상대적으로 원형적 모습의 관계로 관찰되고 측정될 수밖에 없다. [그림 6-1]은 이러한 특성을 도식화한 것이다.

[그림 6-1]에서 보듯이, 독립변인의 측정범위를 충분히 조사하지 않으면 독립변인과 종속변인의 관계가 원과 같은 모습의 관계가 있는 것으로 나타난다. 동그란 원 모양일수록, 독립변인과 종속변인은 서로 연관성이 없음을 의미하기 때문에 상관관계의 값은 0에 수렴한다. 반면에 길게 나타나는 선형적 관계일수록 독립변인과 종속변인의 연관성이 크다는 것을 의미하며 상관관계값은 1에 접근해 간다. 독립변인의 측정범위를 제한시킬수록 독립변인과 종속변인의 관계는 원형 모습을 띠며 실제 관계보다 약화된 관계로 나타나고 있음을 [그림 6-1]은 잘 보여주고 있다.

독립변인과 종속변인의 관계가 실제보다 약화된 관계로 나타난다는 것은 독립변인의 효과나 영향력이 실제보다 작은 것으로 계산된다는 것을 의미한다. 바꿔 말하면, 상대적으로 집단내 변량의 크기가 실제보다 더 크게 계산된다는 것을 뜻한다. 특히, 독립변인을 조작하는 실험연구의 경우, 강력한 실험처치와 약한 실험처치는 '독립변인의 측정범위 제한'의 측면에서 차이를 유발한다. 실험처치가 약하면 독립변인의 측정범위가 제한을 받기 때문에 독립변인의 효과가 약화될 가능성이 높아진다. 이 때문에 실험처치를 어느 정도 강력하게 할 필요가 있다. 뿐만 아니라, 실험처치의 점검(manipulation check)을 통하여 실험처치의 정도를 파악함으로써 독립변인의 측정범위 제한으로 인한 문제점을 미리 예방하는 것이 좋은 연구습관이라고 할 수 있다. 참고로 상관계수의 경우, 약화된 독립변인의 효과를 수정하는 공식이 있다. 그 공식은 다음과 같다.

$$r'_{xy}=r_{xy}(s_X/s_x)/\{(1-r^2_{xy})+r^2_{xy}(s_X/s_x)^2\}$$

s_X=제한되지 않은 범위에서 독립변인의 표준편차

s_x=제한된 범위에서 독립변인의 표준편차

3) 방법론적 원인들

또 다른 주요 원인들로는 측정오차, 연구설계오차 및 표집오차 등이 있다. 이들 오차는 연구상에서 발생하는 오류로서 집단내 변량을 야기하는 원인들로 작용한다. 이들 오차가 크면 클수록 집단내 변량이 증가하기 때문에 상대적으로 집단간 변량이 줄어든다. 즉, 종속변인에 대한 독립변인의 효과를 약화시킨다. 따라서 측정오차나 연구설계오차 및 표집오차가 존재함에도 불구하고, 종속변인에 대한 독립변인의 효과가 유의미하다면 이들 오차요인을 제거했을 때에는 더욱더 그 효과의 크기가 커진다고 할 수 있다. 보통 많은 사람들은 이들 오차가 존재하면 종속변인에 대한 독립변인의 효과는 무의미하다고 말하는데, 그렇지 않음에 유의하여야 한다. 이들 오차에 대해서는 이미 앞 장에서 누차 설명하였기 때문에 여기서는 이만 줄이고자 한다.

4) 개인차 요인들

같은 집단에 속하는 구성원들 간의 개인적 차이가 집단내 변량을 발생하는 또 하나의 원인이다. 구성원들의 성격, 특질, 지식, 가치관, 태도 등이 다르기 마련인데, 이러한 개인적 차이를 의미하는 개인차 요인들(individual difference factors)이 집단내 변량을 발생시키는 원인으로 작용한다.

사회현상인 종속변인에게 영향을 미치는 요인은 크게 보면 두 가지이다. 하나는 상황적 요인이고 다른 하나는 개인차 요인이다. 상황적 요인은 커뮤니케이션이 행해지는 상황과 연관되어 있는 요인으로서 친밀성(intimacy), 영향력(power), 의무의 정도(obligation), 앞으로 상호작용에 대한 기대(expectation of future interaction) 등을 그 예로 들 수 있다. 반면에 개인차 요인은 개인들의 독특한 특성과 연관된 요인들로서 성격, 가치관, 태도 등을 그 예로 들 수 있다. 저자의 생각으로는 커뮤니케이션 과학은 커뮤니케이션이란 두 사람 이상이 존재하는 사회적 공간에서 발생하는 사회현상이기 때문에 개인차 요인의 연구보다는 상황적 요인의 연구에 초점을 맞추어야 한다고 생각한다.

핵심개념 독립변인 이외의 영향, 간접적 관계의 영향, 선형적 관계, 곡선적 관계, 매개변인의 효과, 조절변인의 효과, 독립변인의 측정범위 제한, 실험처치의 점검, 측정범위 제한 효과의 수정공식, 측정오차, 연구설계 오차, 표집오차, 개인차 요인, 상황 요인

(3) 집단내 변량과 연구아이디어

변량을 유형화시키는 또 다른 기준이 있다. 변량의 발생원인을 아느냐 혹은 모르느냐라는 기준이다. 발생원인을 아는 변량을 체계적 변량(systematic variance)이라고 하는 반면에, 발생원인을 알지 못하는 변량을 오차변량(error variance)이라고 한다. 집단간 변량은 각 집단의 평균값으로 계산된 변량이므로 각 집단적 특성의 차이로 인하여 발생한 변량이라고 할 수 있다. 구체적으로, 집단간 변량의 발생원인은 독립변인값의 차이로 인한 것이라고 할 수 있다. 앞의 예에서 보면, 종속변인

인 인터넷 사용시간에 대한 집단간 변량을 야기시킨 원인은 바로 독립변인인 사회계층이다. 따라서 집단간 변량은 그 발생원인을 아는 체계적 변량의 일종이다.

반면에 집단내 변량은 앞서 지적한 바와 같이 다양한 이유들로 인하여 발생하는 변량이기 때문에 그 원인을 뭐라고 정확히 지목할 수 없다. 따라서 집단내 변량은 오차변량의 일종이라고 할 수 있다. 오차변량을 간혹 잔차(residual) 혹은 잔차변량이라고도 부르기도 한다.

요약하면, 독립변인이 종속변인에게 영향을 미침으로써 발생하는 변량이 집단간 변량이다. 이런 점에서, 집단간 변량은 종속변인에 대한 독립변인의 효과 정도를 알려주는 변량일 뿐만 아니라 그 발생원인을 알기 때문에 체계적 변량이라고 말할 수 있다. 반면에 집단내 변량은 이론적 원인, 독립변인의 측정범위 제한, 방법론적 원인 및 개인차 요인 등 무수히 많은 원인들로부터 비롯되는 변량이다. 그래서 발생원인을 알 수 없는 오차변량이다. 전체 변량은 집단간 변량과 집단내 변량의 합이므로 전체 변량은 체계적 변량과 오차변량의 합이기도 하다

위에서 지적한 바와 같이, 종속변인의 전체 변량은 독립변인으로 인해 발생하는 체계적 변량의 부분과 독립변인 이외의 다른 요인들이나 개인차 요인들로 인해 발생하는 오차변량으로 구성된다. 이런 이유에서, 체계적 변량이 전체 변량에서 차지하는 몫이 크면 클수록, 독립변인의 영향력이 더욱더 강력하다고 할 수 있다. 거꾸로 말하면, 오차변량이 크면 클수록 독립변인의 효과는 더욱더 작아진다고 할 수 있다. 그래서 체계적 변량을 전체 변량으로 나눈 값을 종속변인에 대한 독립변인의 효과크기(effect size) 값으로 사용하기도 한다. 특히, 변량분석(ANOVA)에서 체계적 변량을 전체변량으로 나눈 값을 에타 제곱(η^2)으로 표기하고 이를 효과크기의 값으로 본다.

커뮤니케이션 과학의 연구에서 절대 다수의 논문이 변량분석을 이용하여 통계분석을 한다고 볼 수 있다. 가장 많이 사용하는 통계기법이 변량분석이라는 말이다. 그러나 우리나라에서 대부분의 기존 연구들은 불행하게도 에타 제곱의 값을 논문에 보고하지 않는 것이 관행처럼 되어 있다. 이는 잘못된 관행이다. 앞으로는

효과 크기값으로서 에타 제곱의 값을 꼭 논문에 보고했으면 한다. 만일 우리가 이 값을 보고하지 않는 논문을 만난다면, 변량을 이용해서 에타 제곱을 계산하는 습관을 가지도록 하여야 한다. 새로운 연구아이디어를 찾는 데 그만큼 에타 제곱이 갖는 의미가 크기 때문이다.

에타 제곱은 최솟값 0에서 최댓값 1까지 가질 수 있는 범위의 값이다. 에타 제곱의 해석은 피어슨 상관계수의 해석법과 동일하다고 보면 된다. 연구목적에 따라 다르게 해석해야 됨은 물론이지만, 일반론적인 해석법은 0.1 이하면 독립변인의 효과가 거의 없는 것으로, 0.1에서 0.2 사이이면 독립변인의 효과가 어느 정도 의미있는 것으로, 0.2에서 0.3 사이면 독립변인의 효과가 상당히 의미있는 것으로, 0.3 이상이면 독립변인의 효과가 강력한 것이라고 할 수 있다.

변량을 통하여 연구아이디어를 찾는 단서는 체계적 변량 혹은 집단간 변량이 아니라 오차변량 혹은 집단내 변량에 있다. 상대적으로 오차변량이 크면, 즉 에타 제곱값이 작으면 작을수록 연구의 대상이 된 종속변인은 연구의 대상이 된 독립변인이 아니라 위에서 지적한 집단내 변량을 발생시키는 원인들에 의하여 강력한 영향을 받을 가능성이 더욱 증가하는 것이라고 할 수 있다. 이를테면, 아직 연구의 대상이 되지 못한 다른 독립변인들에 의하여 혹은 매개변인이나 조절변인에 의하여 또는 독립변인과 종속변인이 선형적 관계가 아니라 곡선적 관계이기 때문에 혹은 기타 원인으로 인하여 나타날 수 있다. 따라서 기존 연구의 결과에서 오차변량이 크면, 위에서 제시한 원인들의 가능성을 꼼꼼히 따지면서 오차변량의 발생원인을 찾으려고 노력하여야 한다. 이러한 과정을 통해 새로운 연구아이디어를 찾을 수 있기 때문이다. 반대로 체계적 변량이 크거나 혹은 에타 제곱값이 1에 가까울수록 그 종속변인은 더 이상 크게 연구할 거리가 없는 사회현상이라고 할 수 있다.

요약하면, 변량을 통하여 연구아이디어를 찾는 요령은 먼저 오차변량의 크기를 확인한 후, 이를 이용하여 종속변인에 영향을 미치는 다른 독립변인이나 매개변인 혹은 조절변인 혹은 기타 원인의 존재 가능성을 판단하여야 한다. 이들의 존재 가능성이 높으면, 논리적 혹은 경험적으로 혹은 기존 지식의 바탕 위에서 이들 요인이 구체적으로 어떤 요인인지를 찾으려고 시도하여야 한다. 또한 독립변인의 측정 과정을 면밀히 살펴보면서 독립변인의 측정범위가 전 범위인지 혹은 제한된 범위인지를 판단하는 등 집단내 변량을 발생시키는 원인 모두를 하나씩 하나씩 세밀하게 검토해 보아야 한다. 이러한 끈질긴 노력이 새로운 멋진 연구아이디어를 찾는 토대가 될 것이다.

핵심개념 체계적 변량, 오차 변량, 잔차, 독립변인의 효과크기, 에타제곱

3. 통계의 또 다른 함정: 통계는 인과관계와 상관관계를 알지 못한다

통계가 지니는 또 하나의 함정은 인과관계와 상관관계를 구분지어 말해 주지 않는다는 것이다. 통계는 단지 독립변인과 종속변인 간에 관계가 존재하는지 혹은 존재하지 않는지만을 알려줄 뿐이다. 독립변인과 종속변인이 관계가 있다는 통계 결과를 보고 독립변인과 종속변인이 상관관계에 있는지 혹은 인과관계에 있는지를 결론짓는 것은 연구자의 몫이다. 다시 말하면, 연구자가 통계분석 결과를 보고 독립변인과 종속변인은 인과관계가 있다 혹은 상관관계가 있다는 식의 해석은 통계의 객관적 해석이 아니라 연구자의 자의적인 주관적 해석이라는 것이다. 연구자의 주관적 해석은 보통 이론이나 혹은 논리의 기반 위에서 이루어진 것이기 때문에 이러한 연구자의 판단이 올바른지에 대한 여부를 꼼꼼이 따져 보아야 한다. 따라서 기존 논문이나 연구결과를 읽을 때 이 부분을 유심히 검토하여야 한다. 독립변인과 종속변인이 상관관계를 지니는지 혹은 인과관계를 지니는지를 따지는 법은 앞 장에서 이미 논의한 바 있으니 참조했으면 한다.

핵심개념 상관관계, 인과관계

4. 유의도 검증의 함정

연구할 때 통계가 지니는 중요한 기능 중 하나는 가설의 진위 여부를 통계적으로 결론짓게 하는 이른바 가설의 유의도 검증이다. 유의도 검증은 독립변인과 종속변인의 관계가 유의미한 관계인지 혹은 아닌지를 판단케 하는 아주 중요한 통계의 역할이다. 연구를 통해 연구자와 우리가 알고 싶은 것은 독립변인이 종속변인에 일정한 영향력을 정말로 행사하는지의 여부이다. 하지만 이 중요한 판단의 열쇠가 통계이기 때문에 이 부분에 함정이 있다. 유의도 검증은 다양한 요인들에 의해 민감하게 영향을 받기 때문이다

유의도 검증에 직접적으로 영향을 미치는 요인은 크게 보면 두 가지이다. 하나는 종속변인에 대한 독립변인의 효과 크기이다. 유의도 검증을 하는 까닭은 효과 크기가 의미있는 크기인지를 정확히 파악하고 싶기 때문이다. 일반적으론 효과 크기가 크면 클수록 독립변인이 종속변인에 영향을 미친다는 연구가설이 통계적으로 유의미하게 나온다. 따라서 효과 크기는 유의도 검증에서 전혀 문제가 되지 않는 요인이다.

유의도 검증에 영향을 발휘하는 또 다른 요인은 표본의 크기(N)이다. 표본의 크기가 유의도 검증에 부정적 영향을 미치는 요인이다. 보통 표본의 크기가 크면 클수록, 통계적으로 유의미하게 나올 가능성이 증가한다. 저자의 경험으로는 약 300명이 넘는 표본의 크기를 갖는 연구의 경우 효과 크기에 관계없이 통계적으로 유의미한 검증결과가 나올 개연성이 무척 크다. 이런 점을 감안하면, 연구가설이 기각되는 연구결과가 나올 때 제일 먼저 표본의 크기를 증가시키는 편법을 고민해 볼 수 있다. 물론 이는 연구자의 양식과 양심을 가지고 절대로 해서는 안 될 일이다. 참고로, 독립변인과 종속변인 모두 비연속변인(즉, 명명수준이나 서열수준의 변인들)일 경우에 사용하는 카이제곱 분석은 표본이 독립변인의 유목 수가 되기 때문에 유목 수에 의하여 유의도 검증이 영향을 받는다. 유목의 수가 많을수록 연구가설이 긍정될 가능성이 높다.

표본이 큰 연구의 경우에는 혹시 표본의 크기가 연구결과에 지대한 영향을 미쳤는지를 검토하여야 한다. 물론 표본이 작을 때에도 검토해 보는 것을 추천한다. 검토 요령은 효과 크기를 살펴보는 것이다. 위에서 지적한 것처럼, 효과 크기는 변량분석에서는 에타 제곱, 회귀분석에서는 상관계수 그리고 카이제곱 분석에서는 람다 계수 등을 이용하면 된다. 해석법은 앞에서 언급한 요령을 참고하면 될 것이다. 효과 크기가 작을 때에는 표본의 크기로 인하여 연구가설이 긍정되었을 가능성을 배제할 수 없기 때문에 연구결과에 대한 올바른 추론을 도출해 내어야 한다. 올바른 추론을 하기 위해선 기존 논문을 많이 읽으면서 수많은 시행착오를 겪어야 하지만, 반복하다 보면 실력과 요령이 함께 늘면서 기존 연구들을 제대로 보는 능력이 키워진다. 꾸준한 연습과 노력이 요구된다는 말이다. 기존 연구들을 제대로 보는 눈과 시야가 키워지면 기존 연구들을 통하여 많은 새로운 연구아이디어를 쉽게 찾을 수 있다.

핵심개념 유의도 검증, 효과크기, 에타 제곱, 람다, 표본크기, 유목의 수

5. 통계분석의 불안정성

통계분석은 기본적으로 오류를 포함하는 방법론이다. 통계이론상 오류를 완전히 제거할 수 없는 경우가 많기 때문에 통계는 오류를 최소화시키는 방법이 많이 동원되는 방법론이다. 통계분석의 내재적 오류는 존재할 수밖에 없다는 것이다. 통계분석이 불안정한 이유는 이러한 통계의 내재적 오류와 관련있다. 여기서 통계분석이 불안정한 이유를 간략히 살펴보기로 하자.

(1) 제1종 오류의 불안정성

제1종 오류란 연구가설이 거짓임에도 불구하고 사실이라고 결론지음으로써 발

생하는 오류를 말한다. 다시 말하면, 통계적으로 유의미하다고 결론을 내릴 때 발생할 수 있는 오류의 확률이다. 유의도 검증시 제1종 오류의 확률값 0.05를 기준값으로 보통 사용한다.

유의도 검증의 기준값이 되는 제1종 오류는 매우 불안정한 값이다. 가설의 맞고 틀림을 판단하는 유의도 검증의 과정에서 0.05라는 제1종 오류의 기준값이 연구자의 자의성에 따라 바뀔 여지가 있다는 것이다. 유의도 검증의 기준값이 클수록 연구가설이 맞다는 통계적 결론을 연구자가 내릴 가능성이 당연히 증가한다. 연구가설의 검증은 연구자가 바라는 사항임은 물론이다.

유의도 검증의 기준값을 키울 수 있는 방법은 크게 두 가지이다. 하나는 독립변인의 수를 증가시키는 것이다. 독립변인의 수가 증가할수록 연구에서 검증해야 할 가설의 수는 기하급수적으로 늘어나고 이에 따라 유의도 검증의 기준값으로 사용하는 제1종 오류의 값도 더욱 증가하는 효과가 발생한다. 다른 하나는 독립변인의 유목 수를 증가시키는 방법이다. 독립변인의 유목 수가 늘어날수록 연구가설의 입증 가능성이 증가하는데 이는 유의도 검증의 기준값이 자연스럽게 덩달아서 커지기 때문이다. 유의도 검증의 기준값이 커지면 통계분석 결과도 달라지는 것은 당연하다. 이러한 통계의 불안정성이 우리에게 던져주는 교훈은 통계분석 결과가 전지전능한 불변의 진실이 아니라는 것이다. 통계분석에서 통계치와 같은 숫자를 제시하면 너무나도 객관적인 사실이라고 믿고 그에 대한 의구심을 품지 않는 맹신의 태도를 바꿔야 한다.

핵심개념 제1종 오류, 제1종 오류의 불안정성, 유의도 검증, 제1종 오류 혹은 유의도 검증의 기준값, 독립변인의 수, 독립변인의 유목 수

(2) 통계적 가설 검증과정의 불안정성

연구자 자신이 표집한 표본의 데이터를 가지고 평균과 변량을 계산하고 이를 기반으로 모집단의 평균과 변량을 구간 추정함으로써 가설을 검증하는 것이 가설 검

증의 일반적 절차이다. 이 절차가 지니는 문제점은 모집단의 평균을 추정하는 데 쓰이는 기본 정보가 표본의 평균과 변량이라는 점이다. 사실, 표본의 평균과 변량을 이용하여 모집단의 평균과 같은 모수치를 추정하는 것은 유의도 검증 시 통계분석에서 불가피하게 받아들이는 내재적 그리고 이론적 오류를 포함하는 과정이다. 이론적으로는 표집분포(sampling distribution)를 이용하여 모집단분포(population distribution)를 추정하는 것이 올바른 추정이기 때문이다. 이에 대한 자세한 논의는 여기서는 생략하려고 하니 통계책을 참고하기 바란다. 하여간 가설 검증의 과정과 절차가 논리적 모순을 지니고 있는 과정이기 때문에 연구결과(즉, 가설 검증의 연구결과)는 안정적인 결론이라고 말하기 어렵다. 연구결과는 연구자 자신이 수집한 데이터를 기반으로 내린 결론임을 인식하여야 한다. 연구자 자신의 데이터를 가지고 평균과 변량을 계산하고 이를 기반으로 유의도 검증의 신뢰구간을 계산한 후 가설검증에 대한 통계적 결론을 내린 것이 바로 연구결과이다. 연구자 자신이 수집한 데이터라는 점과 가설검증 과정이 안고 있는 논리적 모순이 연구결과의 불안정성을 초래한다는 사실을 직시하여야 한다. 기존 연구나 논문을 읽을 때, 이 점을 염두에 두면서 연구결과에 대한 다양한 해석의 가능성을 숙고할 필요가 있다.

핵심개념 모집단의 평균, 표본의 평균, 표본의 변량, 모수치, 표집분포, 모집단분포, 가설검증 과정의 불안정성

(3) 독립변인들의 (상관)관계로 인한 불안정성

통계분석의 또 다른 위험성은 독립변인들의 관계에 있다. 요즘 연구의 대세는 여러 개의 독립변인을 포함시키는 것이다. 하나의 독립변인만을 가지고 수행하는 연구는 오늘날 하나도 없다고 해도 과언이 아니다. 종속변인에 영향을 미치는 여러 개의 독립변인을 연구할 때, 통계분석 결과가 오류를 지닐 가능성은 높아진다. 통계기법은 기본적으로 독립변인들 간에는 상관관계가 없다는 것을 기본적인 가정으로 삼는다. 그러나 사회현상들은 현실적으로 완전히 독립적으로 존재하는 것

이 거의 불가능하다. 사회현상들은 서로 얽히고설켜 있어서 어느 정도 서로 영향을 미치고 영향을 받는 상호관계가 있기 마련이다. 독립변인들이 이와 같이 서로 상관의 관계를 가지면, 종속변인에 영향을 미치는 독립변인의 효과는 조건에 따라서 변화할 수 있다. 예를 들어, 독립변인 1과 2가 있다고 하자. 독립변인 1의 효과는 독립변인 1이 종속변인에게 미치는 직접효과의 부분과 독립변인 2를 통하여 종속변인에 미치는 간접효과라는 부분의 합이라고 할 수 있다. 통계분석에서 문제시되는 부분은 간접효과의 부분에 있다. 간접효과를 어떻게 처리하느냐에 따라 독립변인 1의 효과는 달라질 수 있다. 간접효과의 처리에 대한 결정은 전적으로 연구자의 판단이다. 가장 좋은 결정은 사회현상이 현실적으로 어떻게 작동하느냐를 관찰하고 바로 사회현실과 일치하는 방식으로 처리하는 것이다. 그러나 실제로 많은 연구는 사회현실을 무시한 채 멋진 연구결과가 나올 수 있는 방향으로 처리하는 경우가 다반사라고 할 수 있다. 기존 연구들을 읽을 때, 독립변인들 간의 상관관계 정도를 논리적으로 혹은 이론적으로 추론하면서 통계분석 결과와 사회현실 간의 관계를 유심히 살펴보는 습관을 기르는 것이 바람직하다고 할 수 있다. 이러한 훈련을 통하여 기존 연구들이 내린 통계분석의 결과를 올바르게 평가할 수 있을 것이다.

핵심개념 독립변인들의 관계, 독립변인들의 관계로 인한 불안정성, 간접효과의 처리

(4) 실험연구에서 실험처치의 강약에 따른 통계분석의 불안정성

앞에서 여러 차례 지적했듯이, 실험연구는 독립변인이 종속변인에 미치는 효과를 조사하기 위한 자료수집 방법이다. 실험연구에서 종속변인에 대한 독립변인의 효과는 독립변인을 인위적으로 조작하는 실험처치의 강도에 좌우되는 경향이 있다. 공손한 표현의 광고문안이 소비자의 태도에 어떠한 영향을 미치는지를 조사하려는 연구의 예를 들어보자. 독립변인인 공손한 표현의 광고문안을 약간 공손한 표현의 광고문안과 평범한 표현의 광고문안이라는 두 수준으로 실험처치한 연구와

매우 공손한 표현의 광고문안과 매우 불손한 표현의 광고문안이라는 두 수준으로 실험처치한 연구 간에는 독립변인의 효과크기가 다를 것이라고 쉽게 추정해 볼 수 있다. 실험처치의 강도 차이가 클수록, 독립변인의 효과도 증가할 것으로 예상되기 때문이다. 따라서 이론적으로 실험처치를 할 때는 실험처치의 강도 차이를 가급적 크게 만드는 것이 연구자가 바라는 연구결과를 얻을 수 있는 가능성을 증가시킨다. 그래서 연구자들이 학생들을 훈련시킬 때 실험처치 강도는 '강한 것은 강하게 그리고 약한 것은 약하게' 해야 한다는 점을 강조한다.

그러나 지니치게 강하게 혹은 지나치게 약하게 실험처치를 하면 두 가지 이유에서 예기치 않은 문제가 발생할 수 있다. 하나는 실험처치가 비현실적일 수 있다는 문제점이다. 사회과학은 사회에서 일어나는 사회현상을 탐구대상으로 하는 연구분야이다. 사회에서 결코 만날 수 없는 '지나친 실험처치'는 사회과학이 탐구하려는 사회현실을 무시하고 실험실에서만 존재하는 현상을 연구하는 어리석음을 드러낼 가능성이 있다. 다른 하나는 지나친 실험처치는 천장효과(ceiling effect)나 바닥효과(bottom effect)를 야기할 수 있다는 문제점이다. 실험처치에 노출된 사람들이 높은 동일한 (종속변인의) 값을 갖거나 혹은 낮은 동일한 값을 가질 때 전자를 천장효과라고 하고 후자를 바닥효과라 한다. 천장효과나 바닥효과는 주로 극단적인 실험처치로 인하여 발생한다. 실제의 사회현실에서는 모든 사람들이 동일한 반응을 보이는 경우는 비상사태를 제외하면 거의 존재하지 않는다라고 할 수 있다. 따라서 천장효과나 바닥효과가 나타나면 실험처치가 그만큼 문제가 있다는 것을 암시하는 것이라고 할 수 있다. 참고로 천장효과나 바닥효과를 파악하는 요령은 실험처치에 노출된 여러 집단의 변량값이 0에 가까운지를 검토하는 것이다. 변량값이 0에 접근할수록 천장효과나 바닥효과가 존재할 가능성이 높다는 것을 의미한다고 할 수 있다.

핵심개념 실험처치의 강도, 실험처치의 비현실성, 천장효과, 바닥효과

(5) 기타: 잘못된 통계분석 기법의 사용과 통계분석 결과의 잘못된 해석

간혹 연구자가 잘못된 통계분석을 사용하거나 통계분석 결과를 잘못 해석하는 경우도 종종 발견된다. 특히, 복잡하고 어려운 통계기법을 사용할 때 이런 일이 빈발하는 것 같다. 요즘 유행하는 구조방정식 모형이 전형적인 예이다. 통계적 결과만을 가지고 이론적으로 말도 안되는 결론을 내리는 논문을 어렵잖게 만날 수 있다. 구조방정식 모형은 수많은 무리한 가정을 하면서 행하는 통계분석법이다. 구조방정식 모형은 기본구조상 데이터가 지니고 있는 수식(input data)보다 연구자가 얻기를 원하는 결과(output data)가 더 많은 부정 방정식 모형이다. 이 모순을 해결하기 위하여 동일한 독립변인 간의 상관관계를 구할 수 있다고 가정하는 모순, 이를 구하기 위하여 측정오차를 이용하는 모순 등에 눈을 감는다. 한마디로, 이러한 모순 덩어리로 분석한 통계분석 결과이기 때문에 액면 그대로 믿을 수도 없고 엉터리 결과라고 할 수 있다. 그렇다고 이를 무작정 배척하기보다는 이론적으로 사회현상(혹은 요인)들의 관계를 먼저 설명하고 나서 추론된 논리적 관계가 데이터랑 일치되는지 여부를 확인하는 보완적 수단으로 활용하는 것이 좋다고 할 수 있다. 연구는 통계의 결과가 중요한 것이 아니라 사회현상들의 관계를 이론적으로 혹은 논리적으로 추론하면서 이들 사회현상을 움직이게 하는 보이지 않는 손(즉, 기저개념 underlying construct)이나 요인을 찾는 것이 훨씬 중요한 작업이자 연구자의 과제임을 명심하여야 한다.

핵심개념 사회현상들 간의 관계에 대한 이론적 추론, 기저개념, 통계결과 해석의 오류

생각해 볼 문제

1. 채식이 건강에 어떠한 영향을 미치는지를 조사하기 위하여, 채식하는 사람들과 채식을 하지 않는 사람들의 건강을 비교해 보았다. 각 100명씩으로 구성된 완전 채식 집단(우유 및 달걀 등 어떠한 동물성 음식도 섭취하지 않는 집단), 채식 집단(고기와 같은 동물성 음식은 섭취하지 않으나 우유와 달걀은 먹는 집단) 및 비채식 집단의 현재 건강상태를 점검하였다. 조사 결과, 채식 집단이 가장 건강하고 완전 채식 집단이나 비채식 집단은 건강상태에 차이가 없는 것으로 나타났다. 이러한 결과를 바탕으로, 연구자는 우유와 달걀을 먹는 채식 식단이 완전 채식 식단이나 비채식 식단보다 훨씬 더 건강한 식단이라고 결론지었다. 과연 연구자의 결론은 타당하는가 아니라면 어떠한 대안적 결론이 가능할까?

2. 친밀성과 상대방 거짓말 간파하기 간의 관계를 조사하려고 한다. 연구자는 잠정적으로 '친할수록 상대방에 대한 믿음이 증가할 것이고 이의 결과로서 상대방의 거짓말에 잘 속아 넘어갈 것이다'라는 가설을 세웠다. 즉, 친밀성 → 신뢰성 → 상대방 거짓말에 잘 속기라는 긍정적 관계가 존재한다라는 것이다. 이러한 추론을 위하여 실증적 자료를 수집하여 통계분석해 본 결과, 연구자의 예측은 통계적으로 입증되었다. 그래서 연구자는 자신의 가설이 맞다는 결론을 내렸다. 과연 연구자의 이러한 결론은 맞다라고 할 수 있는가? 아니면 다른 대안적 결론이 가능한가?

3. 직무에 대한 태도와 결근율 간의 관계를 알아보기 위하여 한 대기업에 근무하는 1,000명의 회사원들을 대상으로 설문조사를 실시하였다. 설문조사 결과, 직무에 대한 태도가 긍정적일수록 결근율이 낮은 것으로 파악되었다. 이러한 분석결과를 토대로 연구자는 직무에 대한 태도가 결근율에 영향을 미친다고 결론지었다. 이러한 연구자의 결론은 타당한가? 만일 타당치 않다면 어떠한 대안적 결론이 가능하고 그 이유는 무엇인가?

4. 기존 연구의 통계분석 결과를 변량의 관점에서 점검해 보자. 과연 그 연구가 내렸던 통계적 결론이 타당한지를 평가해 보자.

힌트

1. 인과관계의 불명료성; 건강이 나빠서 완전 채식을 했을 가능성
2. 잘 속기 → 믿기 → 친해지기의 인과관계도 가능하다.
3. 결근율이 태도에 영향을 미칠 수 있다. 단지 한 기업만을 대상으로 조사한 결론은 문제가 있다. 기업환경이 결근율에 영향을 미칠 수도 있고, 상호작용효과도 존재할 수 있다.

Chapter 7

측정도구 만드는 방법

과학적 연구방법론을 사용하여 연구를 진행할 때, 가장 어려운 대목이 측정도구를 만드는 부분이다. 저자도 석사학위 논문을 쓸 때, 측정도구 만드는 방법을 몰라서 필요한 측정도구를 찾기 위해 외국논문을 여러 날 뒤적거린 경험이 있다. 사실, 기존의 측정도구가 반드시 좋은 것은 아니다. 같은 용어를 쓰는 개념이라고 하더라도, 연구의 성격과 특성에 따라 개념적 정의를 다르게 내리는 경우가 많다. 개념적 정의가 다르면, 그 개념을 측정하는 측정도구도 그에 맞춰 서로 달라져야 한다. 이런 점을 감안할 때, 기존연구에서 이용한 측정도구를 같은 용어의 개념이라고 해서 그대로 사용하면 가설검증을 제대로 하지 못하는 연구의 치명적 결함을 야기할 가능성이 크다. 그래서 올바른 측정도구를 만들거나 사용하는 것이 과학적 연구에서 가장 중요한 과정 중 하나라고 할 수 있다. 여기서는 측정도구 만드는 법을 설명하려고 한다. 이 장을 다 배우고 나면, 다음의 내용을 알 수 있을 것이다.

- 측정도구의 정의
- 측정도구의 유형
- 언어적 측정도구
- 행동적 측정도구
- 조작
- 써스톤 척도
- 리커트 척도와 리커트형 척도
- 거트만 척도
- 의미분별 척도

1. 측정도구의 정의와 유형

측정도구란 추상적이어서 관찰할 수 없는 개념을 측정할 수 있도록 만든 도구 혹은 수단이다. 예를 들면, 친한 상태로 정의할 수 있는 친밀성이라는 개념을 측정하기 위해 "당신은 저 사람과 얼마나 친합니까?"라고 묻는 질문을 이용했다면 바로 이 질문이 측정도구이다.

측정도구의 용도는 가설에 나오는 변인들을 측정하여 가설이 맞는지 혹은 틀리는지 검증하는 것이다. 앞에서 설명한 바와 같이, 측정한다는 것은 개념을 일정한 규칙에 따라 수량화시키는 과정을 의미한다. 곧 일종의 개념을 체계적으로 수량화시키는 수단이 측정도구이다. 측정도구로 측정하여 수량화된 결과가 변인(의 값)이다. 그리고 변인의 값을 이용하여 가설을 검증하는 것이 과학적 연구가 행하는 일련의 과정이다.

측정도구의 종류는 크게 세 가지이다. 하나는 행동적 측정도구(behavioral measure)이다. 행동적 측정도구는 사람들의 행동을 관찰하여 개념을 수량화하는 측정도구이다. 예를 들면, 그 상품을 사는지 혹은 사지 않는지 직접 구매행동을 관찰하여 특정 상품의 구매 여부를 측정하였다면 바로 이 구매행동의 관찰이 행동적 측정도구라고 할 수 있다. 다른 하나는 조작(manipulation)이다. 조작이라는 측정도구는 실험연구에서 사용되는 측정도구이다. 독립변인을 연구자가 인위적으로 조작한 후, 필요한 자료를 수집하는 연구방법을 실험이라고 한다. 즉, 실험연구는 조작이라는 측정도구가 사용된 자료수집방법이다. 조작되는 변인은 언제나 독립변인이다. 조작된 독립변인을 이용하여 독립변인이 종속변인에 미치는 인과관계의 효과를 파악하려는 것이 실험의 목적이다. 예를 들면, 외래어 광고문안의 설득효과를 조사하려고 한다고 하자. 이 효과를 파악하기 위하여 외래어가 많이 사용된 광고문안과 외래어가 적게 사용된 광고문안을 각각 만들어 각 광고문안에 대한 태도를 측정하였다고 하자. 이 때 외래어가 많이 혹은 적게 사용된 광고문안이 바로 조작의 측정도구를 이용한 것이라고 할 수 있다. 끝으로, 언어적 측정도구(verbal measure)가 있다. 언어적 측정도구는 언어를 이용하여 만들어진 측정도구를 말한다. 언어적 측정도구의 전형적인 예는 질문과 같은 형태이다. 사회과학에서 가장 많이 사용되는 측정도구이다. 특히, 커뮤니케이션과학의 연구 대부분에 예외없이 등장하는 측정도구가 언어적 측정도구이다. 반면에, 행동적 측정도구는 사회과학에서 많이 사용되지 않는 편이다. 그리고 조작은 연구문제나 가설에 따라 다양한 방식으로 만들어야 하는 측정도구이기 때문에 획일적으로 만드는 방법을 설명하기가 어렵다. 따라서 다음에서는 가장 쓰임새가 많은 언어적 측정도구를 중심으로 이야기하려고 한다.

핵심개념 측정도구, 행동적 측정도구, 조작, 언어적 측정도구

2. 언어적 측정도구의 유형과 구성

언어적 측정도구의 종류에는 여러 가지가 있다. 그중 써스톤 척도, 리커트 척도, 거트만 척도 그리고 의미분별 척도가 가장 대표적인 언어적 측정도구이다. 이들 측정도구는 기본적으로 만드는 방법의 차이에 따라 구분된다고 할 수 있다. 다시 말하면, 어떤 방식으로 만들었느냐에 따라 어떤 유형의 언어적 측정도구냐가 결정된다고 할 수 있다. 써스톤 척도나 거트만 척도는 요즈음에는 거의 사용되지 않는 언어적 측정도구라고 할 수 있다. 가장 많이 사용되는 언어적 측정도구는 리커트 척도와 의미분별 척도이다. 그래서 이 두 척도를 만드는 요령만 여기서 설명하려고 한다.

(1) 리커트 척도

리커트 척도는 리커트가 제안한 방식으로 언어적 측정도구인 질문들을 만들었

을 때 이 질문들을 리커트 척도라고 한다. 구체적으로 리커트 척도를 만드는 방법은 다음과 같다.

절차 1 관심개념을 측정하는 질문들을 많이 만든다. 다시 말하면, 개념적 정의와 질문의 의미를 일치시킴으로써 그 개념을 제대로 측정한다고 생각되는 질문들을 많이 만든다.

절차 2 각 질문마다 "절대 반대, 반대, 중립, 찬성, 절대 찬성"이라는 5점 척도의 보기나 혹은 "절대 반대, 상당히 반대, 다소 반대, 중립, 다소 찬성, 상당히 찬성, 절대 찬성"이라는 7점 척도의 보기를 배치한다. 5점 보기를 만들었다면 5점 척도라 하고 7점 보기를 배치했다면 7점 척도라 한다(애교심을 측정하는 질문의 한 예를 들면, '내가 다니는 학교는 자랑스럽다. 절대 반대, 반대, 중립, 찬성, 매우 찬성' 식).

절차 3 질문(척도 혹은 보기 포함)들을 이용하여 설문지를 만들고, 조사대상자(혹은 피험자들)에게 설문조사를 한다. 그리고 나서 응답한 설문지를 회수한다.

절차 4 각 질문의 응답값을 모두 합산한다. 합산한 값의 크기에 따라 응답자의 순위를 결정한다.

절차 5 순위를 기준으로 상위 응답자와 하위 응답자 각각 25%를 선정한다.

절차 6 각 질문별로 상위 응답자 집단의 평균값과 하위 응답자 집단의 평균값과 표준편차를 계산한다. 그리고 나서 질문별 상위 응답자 집단 평균값과 하위 응답자 집단 평균값의 편차를 계산한다.

절차 7 질문별 평균값 편차가 큰 순으로 질문들을 순서대로 배치한다. 편차가 클수록, 좋은 질문이기 때문에 편차가 큰 순으로 필요한 수만큼 최종적인 질문들을 선정한다. 편차가 클수록 좋은 질문이라고 할 수 있다. 왜냐하면, 상위 응답자(개념에 대해 매우 호의적인 태도를 지니고 있는 사람들이라고 할 수 있다)와 하위 응답자(개념에 대해 매우 비호의적인 태도를 지니고 있는 사람들이라고 할 수 있다)는 서로 상반된 태도를 가지고 있다고 가정할 수 있고 편차가 큰 질문은 바로 이 두집단 간 태도차이를 분명히 구분해 주는 질문이기 때문이다. 만일 편차의 크기가 같은 두 개 이상의 질문이 있다면 표준편차값이 가장 작은 질문이 가장 좋은 질문이다. 이러한 원칙에 따라 최종 질문들을 뽑으면 된다.

절차 8 최종 선정된 질문들이 바로 관심개념의 측정도구이며 이 측정도구의 응답값을 조사 대상자들의 최종 응답값으로 삼는다.

위와 같은 절차로 언어적 측정도구인 질문들을 만들었다면 바로 이 질문들로 구성된 측정도구를 리커트 척도라고 한다. 리커트 척도의 가장 커다란 특징 중 하나는 각 질문에 주어지는 보기(실제로는 척도라 부른다)에 있다. 리커트 척도에서는 7점 척도가 일반적으로 사용되나 때로는 5점 척도가 사용되기도 하며 간혹 3점 척도를 이용하기도 한다. 7점 척도의 경우, '매우 반대, 상당히 반대, 다소 반대, 중립, 다소 찬성, 상당히 찬성, 매우 찬성'이라는 척도가 이용되며 5점 척도의 경우, '매우 반대, 반대, 중립, 찬성, 매우 찬성'이 사용된다. 사회과학의 조사에서 리커트 척도가 가장 많이 활용되는 일반적인 측정도구이지만, 리커트가 제안한 방식으로 리커트 측정도구를 만드는 경우가 최근에 극히 드물다. 외형상 리커트 척도의 모습만을 띠는 질문들로 리커트 척도를 구성하는 경우가 더욱 일반적이다. 무늬(즉, 외형)만 리커트 척도의 모습을 보이는 측정도구를 진짜 리커트 척도와 구분짓기 위해 리커트형 척도(Likert-type scale)라고 부르기도 한다.

리커트형 척도를 만드는 요령은 관찰하려는 개념의 개념적 정의를 정리한 후, 개념적 정의와 가급적 의미가 일치하거나 비슷한 질문들을 만든다. 다시 말하면, 표면타당도가 높은 질문들을 만드는 것이다. 질문을 만들 때 모호하거나 이중적 의미를 지니고 있거나 여러 개의 생각이 포함된 질문, 조사대상자들의 응답을 유도하는 질문, 조사대상자들이 응답하기 어려운 질문, 조사대상자들이 이해하기 어려운 질문들을 피하는 것이 원칙이다. 이 원칙을 어기는 질문들은 타당도나 신뢰도가 낮아질 가능성이 높기 때문이다. 특히, 리커트 척도의 경우 중립적인 의미의 질문(예를 들면, 나라를 사랑하는 나의 마음은 그저 그렇다)은 피하고 약간 찬성이나 반대의 의미를 띠는 질문(예를 들면, 대한민국이라는 말을 들으면 마음이 설렌다)의 형태로 구성하는 것이 바람직하다. 이것이 타당도를 높이는 동시에 측정하고자 하는 개념에 대해 찬성하는 사람들과 반대하는 사람들 간의 점수 차이를 뚜렷히 구분해 내는 데 유리하기 때문이다. 이론적으로 질문의 개수는 3개 이상이면 되지만, 잘못 만든 질문이 있을 수 있기 때문에 4개 이상의 질문을 만드는 것이 좋다. 또한 개념적 정의의 의미가 이해하기 어려운 경우, 즉 생소하거나 복잡한 개념일수록 질문의 개수를 더 많이 만드는 것이(약 10개 내외 정도) 자료수집할 때 유리한 측면이 있다. 이를테면, 친밀성을 측정하는 질문의 수보다 체면을 측정하는 질문의 수를 더 많이 만드는 것이 여러 면에서 연구를 하는데 이로울 개연성이 크다고 할 수 있다. 각 질문마다 5점 혹은 7점 척도를 추가하면 리커트 혹은 리커트형 척도의 최종적인 모습이다. 이 질문들을 이용하여 조사대상자들의 응답을 수집한 후, 응답값을 가지고 이 측정도구의 타당도와 신뢰도를 평가함으로써 최종적으로 타당도가 높은 질문들로만 구성된 측정도구를 확정할 수 있다. 보통 타당도와 신뢰도를 평가하는 통계기법은 상관관계 행렬표(correlation matrix)나 Cronbach의 알파값을 이용한다. 이에 대한 자세한 내용은 여기서 논의할 사항과 직접적인 연관성이 없기 때문에 생략하려고 한다.

많은 질문들 중 실제 연구에서 사용할 최종 질문들을 선정하는 과정과 작업을 문항분석(item analysis)이라고 한다. 위의 절차 중 절차 4에서 절차 7까지가 문항분석의 과정이다. 따라서 리커트 척도란 바로 리커트가 제안한 문항분석의 원리를 활용하여 구성된 질문들의 측정도구를 일컫는다고 할 수 있다.

다음은 다른 사람들로부터 공적으로 인정받고 싶은 나 자신의 바람직한 이미지로 정의되는 '자아체면'을 측정하기 위한 리커트형 척도의 예다. 질문의 수는 모두 10개이며 각 질문에는 '전혀 아니다, 상당히 아니다, 다소 아니다, 그저 그렇다, 다소 그렇다, 상당히 그렇다, 매우 그렇다'라는 7점 척도가 보기로 추가된다. 참고하기 바란다.

1. '가'가 한 말이 내 체면을 상대적으로 깎아내리는 말이라고 느낄 것 같다.
2. '가'가 한 말은 상대적으로 내가 정직하지 않은 사람임을 강조하려는 것 같다.
3. 이 상황에서 나는 약간 자존심이 상할 것 같다.
4. '가'가 한 말은 내 기분을 어느 정도 좋게 만들 것 같다.
5. '가'가 한 말은 나에게 불쾌한 느낌을 상당히 줄 것 같다.
6. '가'가 한 말은 상대적으로 무례한 말이라고 느낄 것 같다.
7. '가'가 한 말은 '가'가 나보다 상대적으로 우월한 사람임을 강조하려는 것 같다.
8. '가'가 한 말이 상대적으로 나를 비난하고 있는 듯한 느낌을 줄 것 같다.
9. 이 상황에서 내 체면이 손상되었다고 느낄 것 같다.
10. 이 상황은 내 체면과 전혀 관계가 없는 상황이다.

핵심개념 리커트 척도, 리커트 척도를 만드는 요령, 리커트형 척도, 7점 척도, 5점 척도, 리커트형 질문을 만드는 요령

(2) 의미분별 척도(semantic differential scale)

의미분별 척도는 오스굿과 탄네바움이 개념에 대해 사람들이 지니고 있는 의미를 이용하여 개념을 측정하는 도구이다. 이들에 따르면, 개념은 사전적 의미(혹은 외연적 의미; denotative meaning)와 감성적 의미(혹은 내연적 의미; connotative meaning)로 구성된다. 사전적 의미란 사전에 기술되어 있는 개념의 뜻풀이를 말하는 것으로 모든 사람들이 그 개념에 대해 같은 뜻으로 받아들이는 의미이다. 예를 들면, '나무'의 사전적 의미는 식물로서 그리고 산에서 자라는 나무를 뜻한다. 반면에, 감성적 의미는 개념과 관련된 사람들의 경험이 다르기 때문에 사람마다 개념에 대해 다른 의미를 지니기 마련인데 바로 사람들마다 주관적으로 그리고 정서적으로 다르게 지니고 있는 의미를 말한다. 오스굿과 탄네바움은 개념을 측정하는 좋은 방법 중 하나가 사람들이 지니고 있는 바로 감성적 의미를 측정하는 것이라고 주장한다.

감성적 의미를 측정하는 방법은 측정하고자 하는 개념을 조사대상자들에게 미

리 제시한 후, 대립되는 형용사쌍을 이용하는 것이다. 예를 들면, 애국심을 측정하려면 조사대상자들이 애국심에 대해 지니고 있는 감성적 의미를 규명하면 되는데, 이를 파악하려면 대한민국이라는 개념을 제시한 후 이에 대해 어떻게 생각하는지 묻고 보기로 '사랑하는-미워하는', '헌신하는-욕심만 차리는'과 같은 대립 형용사쌍으로 측정하면 된다. 대립되는 형용사쌍이 질문을 대신하고 있는 것이라고 할 수 있다.

의미분별 척도는 질문 대신에 대립 형용사쌍을 이용하기 때문에 측정도구를 만들기가 비교적 쉬운 편이다. 대립되는 형용사쌍의 종류는 '좋은-싫은'과 같이 의미가 반대되는 종류와 '욕심많은-욕심없는'과 같이 접두어를 이용하는 종류가 있다. 가급적 전자의 종류가 의미분별 척도의 측정도구로 더 바람직하다. 의미가 반대되는 대립 형용사쌍은 (좋지도 않고 그리고 싫지도 않은) 중간적인 중립의 값을 갖는 반면에, 후자는 중간적인 중립의 값을 갖지 못하기 때문이다. 또한 형용사만 사용할 수 있는 것이 아니라, '집에 있는 것처럼 아늑한-집에 없는 것처럼 삭막한'과 같이 형용사구도 측정도구로 가능하다.

의미분별 척도는 먼저 측정하려는 개념을 제시하고 이 개념에 대한 느낌을 주어진 7점 척도 혹은 5점 척도의 대립 형용사(구)쌍을 이용하여 응답케 하는 측정도구이다. 의미분별 척도의 전형적인 예는 '좋은 ―:―:―:―:―:―:― 나쁜'이다. 이 예는 대립 형용사쌍 사이를 7구간으로 나누고 응답케 하고 있기 때문에 7점 척도의 의미분별 척도라고 한다. 의미분별 척도는 본래 7점 척도를 기본으로 하지만, 조사대상자들이 7점 척도의 응답을 힘들어 하거나 어려워 할 가능성이 있는 경우 5점 척도로 줄여서 만들 수 있다.

의미분별 척도가 지니는 특성 중 하나는 다차원적 개념을 측정하는 데 적합한 측정도구라는 것이다. 다차원적 개념이란 그 개념을 이해하려면 그 개념과 관련되어 있는 다른 그리고 여러 개념을 통해서 이해해야 하는 개념이다. 다차원적 개념을 이해하거나 설명하기 위하여 사용되는 다른 개념들을 차원 혹은 하위개념이라고 한다. 예를 들면, 공적으로 믿을 수 있는 정도라는 공신력(source credibility) 개념은 지식을 지니고 있는 정도인 전문성(expertise)과 거짓을 하지 않고 진실을 이야기 하는 정도인 신뢰성(trustworthiness)이라는 하위개념들 혹은 차원들을 통해 이해할 수 있다. 전문성이 높을 때 혹은 신뢰성이 클 때 공신력이 높다고 하기 때문에 공신력은 전문성과 신뢰성이라는 차원들로 구성된 다차원적 개념인 것이다. 의미분별 척도는 바로 다차원적 개념도 어렵지 않게 측정할 수 있는 측정도구의 하나라고 할 수 있다. 의미분별 척도의 타당도와 차원을 평가하기 위하여 주로 쓰이는 통계기법은 탐사적 요인분석(exploratory factor analysis)이며 때로는 다차원성을 파악하기 위하여 확증적 요인분석(confirmatory factor analysis)이 사용되기도 한다. 이에 대한 자세한 설명은 이 책이 다루고자 하는 내용 범위를 넘기 때문에 생략한다.

의미분별 척도를 만드는 요령에 대한 특별한 노하우는 없다. 단지 노하우라면, 측정하려는 개념을 잘 측정할 수 있다고 생각되거나 그 개념과 연관성이 큰 형용사쌍을 찾으면 된다. 예를 들면, 애국심을 측정하려고 한다고 하자. 이 개념을 측정하기 위하여, '사랑하는-미워하는', '빠른-느린', '무덤덤한-예민한'이라는 형용사쌍을 선정했다고 하자. 상식적인 판단에 기초하여 이 세 형용사쌍 중 애국심을 가장 잘 측정할 수 있는 형용사쌍이라고 판단되는 순서대로 나열한 후 이를 기준으로 선정하면 된다. 내 상식으로는 '사랑하는-미워하는', '무덤덤한-예민한' 그리고 '빠른-느린' 순으로 애국심을 측정하기에 적합할 것 같다. 자신을 믿고 합리적으로 판단하고 평가하면서 의미분별 척도를 구성하면 된다. 의미분별 척도를 만드는 시행착오를 많이 경험할수록 신뢰도와 타당도가 높은 의미분별 척도를 잘 만들 수 있을 것이다. 열심히 연습하여 의미분별 척도를 만드는 스스로의 노하우를 터득하기 바란다.

다음은 '자아체면'을 만드는 의미분별 척도의 예이다. 참고하기 바란다.

1. 내 체면을 깎아내리는 —:—:—:—:—:—:— 내 체면을 올려주는
2. 자존심이 상하는 —:—:—:—:—:—:— 자존심이 올라가는
3. 기분을 좋게 만드는 —:—:—:—:—:—:— 기분을 나쁘게 만드는

4. 불쾌한 —:—:—:—:—:—:— 유쾌한
5. 무례한 —:—:—:—:—:—:— 예의바른
6. 상대적으로 우월한 —:—:—:—:—:—:— 상대적으로 열등한
7. 비난하고 있는 듯한 —:—:—:—:—:—:— 칭찬하고 있는 듯한
8. 체면과 관계없는 —:—:—:—:—:—:— 체면과 관계깊은

핵심개념 의미분별 척도, 사전적 의미, 외연적 의미, 감성적 의미, 내연적 의미, 대립 형용사쌍, 다차원적 개념

(3) 써스톤 척도(Thurstone scale)와 거트만 척도(Guttman scale)

위에서 언급한 바와 같이, 어떠한 방식으로 척도 혹은 질문을 만들었느냐에 따라 써스톤 척도냐 거트만 척도냐 등이 결정된다. 써스톤 척도는 평가집단을 이용하여 좋은 질문들을 찾아내는 방식이다. 한 가지 특이한 점은 리커트 척도의 경우 척도(즉, 보기)를 이용하여 조사대상자들의 태도나 의견을 파악하는 방식인데 반하여 써스톤 척도는 질문 자체를 이용하여 조사대상자들의 태도나 의견을 파악하는 방식이라는 점이다. 예를 들면, 리커트 척도의 경우 '나라를 사랑하는 내 마음은 큰 편이다'라는 질문과 '전혀 아니다, 아니다, 그저 그렇다, 그렇다, 매우 그렇다'를 척도로 준 후 이를 이용하여 애국심을 측정한다. 만일 조사대상자가 그렇다라고 응답했다면 이 조사대상자는 애국심이 큰 사람으로 간주된다. 반면에 써스톤 척도는 질문 자체로 애국심을 평가하는 방식의 척도이다. 써스톤 척도의 예를 들어 보면, '나는 애국심이 큰 편이다', '나라를 걱정하는 나의 마음은 그저 그렇다', '나는 나라의 문제에 대해 별로 관심이 없다'라는 식으로 애국심이 크다는 의미에서부터 애국심이 작다는 의미를 나타내는 다양한 질문을 준 후 각 질문에 '그렇다, 아니다'의 보기에 응답케 함으로써 애국심을 측정하는 방식이다. 이와 같이, 써스톤 척도는 질문의 의미를 이용하여 개념의 값을 측정한다. 이것이 리커트 척도와 써스톤 척도의 가장 큰 차이점이라고 할 수 있다.

반면에 거트만 척도는 찬성 혹은 반대하는 정도인 태도의 강도라는 단일 차원의 기준에 맞는 질문들을 만들어서 개념의 값을 측정하는 방식이다. 만일 이 기준에 맞지 않는 질문들로 잘못 만들었다면 조사대상자들이 질문에 응답할 때 응답의 실수가 많이 나온다는 점에 착안하여 척도를 구성하는 방식이다. 비유적인 예를 들어 보면, 수학실력을 평가하기 위해 쉬운 문제부터 어려운 문제 순으로 4문제를 만들었으나 선생님이 쉬운 문제라고 생각한 문제에 대해 수학을 잘하는 학생이나 수학을 못하는 학생이나 모두 반반씩 틀렸다면 이 문제는 잘못 만든 문제라고 할 수 있다. 이러한 원리를 이용하여 좋은 질문을 만들고 찾아내는 방식이 곧 거트만 척도라고 할 수 있다. 써스톤 척도나 거트만 척도는 많이 사용되는 척도가 아니기 때문에 자세한 설명은 하지 않으려고 한다.

핵심개념 써스톤 척도, 거트만 척도, 다차원적 개념, 평가집단, 단일차원의 기준, 틀린 응답의 정도

3. 언어적 측정도구와 연구아이디어

측정도구를 만들 때 가장 중요한 점은 타당도를 확보하는 일이다. 언어적 측정도구도 예외는 아니다. 개념적 정의와 언어적 측정도구의 의미가 일치할수록 표면타당도가 높다고 할 수 있으며 결과적으로 그 언어적 측정도구의 타당도가 높을 가능성이 더욱 커진다고 할 수 있다. 따라서 우리가 사용할 언어적 측정도구를 구성할 때는 개념적 정의와 언어적 측정도구의 의미를 최대한 일치시키려는 노력을 해야 한다.

반면에 기존연구들이 사용한 언어적 측정도구가 타당도가 높은지 여부를 따지기 위해서는 그 측정도구가 측정하려는 개념의 개념적 정의와 그 측정도구의 의미가 일치하는지 여부를 검토해야 한다. 일치하는 부분이 적거나 혹은 불일치하는 부분이 크다고 판단된다면 측정오차가 존재한다는 것임을 의미한다. 따라서 이

로 인해서 발생할 수 있는 어떠한 오염변인 등이 있을 수 있는지 찾으려는 노력을 기울여야 한다. 이러할 때 새로운 연구아이디어를 쉽게 찾을 수 있을 것이다. 이미 앞에서 이와 관련된 연구아이디어 찾는 요령을 설명한 바가 있기 때문에 여기서는 이만 줄이고자 한다.

핵심개념 언어적 측정도구, 개념정의, 언어적 측정도구와 개념정의의 의미적 일치

생각해 볼 문제

1. 리커트 척도와 리커트형 척도의 차이는 무엇인가

2. 기존연구논문에서 측정도구를 살펴보고 이 측정도구가 어떤 유형의 측정도구인지 말하고, 이 측정도구는 타당도가 높은 측정도구인지 혹은 낮은 측정도구인지 평가해 보자. 만일 잘못 만든 측정도구라면, 그렇게 판단한 이유는 무엇인가? 그리고 연구자의 의도와 다르게 그 측정도구에 포함된 오염개념이 있다면 그것이 무엇인지를 찾아보자. 끝으로, 의도한 개념을 올바르게 측정하는 측정도구를 새롭게 만들어 보자.

3. 의미분별 척도를 사용한 기존연구논문을 찾아보자. 이 척도가 잘 만들어진 척도인지 여부를 평가해 보자. 그리고 문제점이 있다면 이를 보완하는 척도를 만들어보자. 또한 이 의미분별 척도 대신에 리커트형 척도로 측정하려는 개념의 측정도구를 만들어보자.

4. 기존연구에서 사용한 언어적 측정도구를 정밀하게 검토해 보고 측정오차의 존재 가능성을 평가해 보자. 그리고 측정오차가 존재할 가능성이 있다면, 이로부터 발생할 수 있는 내적 타당도의 저해요인이 무엇인지 찾아보자.

Chapter 8

자료수집방법

여기서는 자료수집방법에 대해 간략히 설명하려고 한다. 자료수집방법이란 가설을 검증하기 위하여 혹은 연구문제의 답을 얻기 위하여 자료를 수집하기 위한 절차와 과정을 말한다. 사회과학에서는 자료수집방법으로 실험 연구방법, 설문지 연구방법 및 내용분석 연구방법을 많이 사용한다. 이들 자료수집방법에 대해 다음에서 살펴볼 것이다. 이 장을 모두 공부하고 나면, 다음의 내용을 이해할 수 있을 것이다.

- 실험 연구방법
- 실험 연구설계
- 실험 대 유사실험 대 비실험
- 설문지 연구방법
- 내용분석 연구방법

1. 실험 연구방법

(1) 실험 연구방법이란

실험 연구방법이란 연구자가 독립변인을 인위적으로 조작한 후 자료를 수집하는 방법을 말한다. 즉, 실험 연구방법이냐의 여부는 독립변인의 인위적 조작 여부에 달려 있다. 인위적으로 조작된 조작변인이 있다면 실험인 반면에, 없다면 실험 연구방법이 아니라고 할 수 있다. 예를 들면, 친밀성과 문자메시지 사용 간 인과관계를 밝히려는 조사를 하려고 한다고 하자. 이 때 일부 응답자들에게는 친한 사람에게 하루 평균 몇 통의 문자메시지를 보내는지 물어보고 나머지 응답자들에겐 친하지 않는 사람에게 하루 평균 몇 통의 문자메시지를 보내는지 응답케 한다면, 친밀성이라는 독립변인이 연구자에 의하여 인위적으로 조작된 변인이라고 간주할 수 있다. 연구자가 친한 사람과 친하지 않은 사람에 응답자들이 인위적으로 노출되도록 만들었기 때문이다. 만일 이러한 방식으로 자료를 수집하였다면 독립변인인 친밀성이 연구자에 의해 인위적으로 조작되었기 때문에 실험 연구방법을 사용한 것이라고 할 수 있다.

실험 연구방법을 이용하여 자료를 수집하는 목적은 크게 두 가지이다. 하나는 인과관계를 조사하기 위함이다. 독립변인의 값을 연구자가 인위적으로 조작하고, 조작된 독립변인의 값에 따라 종속변인의 값이 어떻게 바뀌는지 관찰함으로써 종속변인에 대한 독립변인의 인과효과를 밝히려는 것을 실험은 주된 목적으로 삼는다. 다시 말하면, 내적 타당도가 높은 연구결과를 얻으려는 것이라고 할 수 있다. 다른 하나는 가외변인을 통제하기 위함이다. 앞에서 설명한 바와 같이, 가외변인이란 연구자 모르게 연구결과(즉, 종속변인의 값)에 영향을 미치는 변인이다. 인과관계를 규명할 때 가외변인이 존재하면 종속변인에 영향을 미치는 요인이 독립변인과 가외변인이 되기 때문에 독립변인과 종속변인 간의 인과관계를 정확히 파악하기 어렵다. 실험의 주된 목적은 인과관계의 규명이기 때문에 가외변인을 통제하는 것이 무척 중요하다고 할 수 있다. 다행히 실험은 다른 자료수집방법에 비해 가외변인을 통제하는 데 효과적인 자료수집방법이라고 할 수 있다. 요약하면, 실험 연구방법은 가외변인을 통제함으로써 독립변인과 종속변인의 인과관계를 조사하려는 연구를 수행하고자 할 때 주로 사용되는 자료수집방법이라고 할 수 있다. 실험 연구방법을 사용할 수 있는 연구문제의 예를 하나 들어보면, "외래어 광고문안의 사용이 광고효과를 높이는가 혹은 낮추는가"와 같이 외래어 광고문안의 사용과 광고효과 간 인과관계를 조사하려는 연구문제를 제시할 수 있다.

핵심개념 실험연구방법, 실험처치, 조작, 인과효과, 가외변인의 통제

(2) 실험, 유사실험 그리고 비실험

실험(experiment)과 비슷한 유사실험(quasi-experiment)이라는 것도 있다. 내적 타당도의 확보가 중요한 실험 연구방법은 두 가지 조건의 충족을 엄격히 요구한다. 위에서 설명한 바와 같이, 하나는 독립변인의 인위적 조작이다. 인위적인 조작이 없다면 실험 연구방법이라고 하지 않는다는 것이다. 다른 하나의 조건은 인위적인 조작에 노출되는 여러 유형의 집단이 있다면 각 집단에 속하는 피험자들이 무작위로 배치되어야 한다는 것이다. 무작위로 배치하지 않으면 여러 집단의 종속변인값 차이는 각 집단이 노출된 인위적인 조작과 각 집단에 속한 피험자들의 개인차이에 의하여 발생될 가능성이 있다. 만일 각 집단에 속한 피험자들의 개인차이가 종속변인에 영향을 미쳤다면 당연히 그 개인차이가 가외변인으로 작용하면서 내적 타당도가 낮아질 것이다. 따라서 실험은 개인차 요인의 엄격한 통제를 요구한다. 이를 위하여 무작위 배치가 반드시 이루어져야 한다고 할 수 있다. 참고로 완벽하고 적합한 실험연구가 아닌 미완의 그리고 부적절하고 미흡한 실험연구를 사전실험(pre-experiment)이라고 한다. 예를 들면 아래에서 제시하고 있는 실험설계대로 실험연구를 진행하지 않고, 대신에 통제집단이 없다든가 혹은 비교집단이 없다든가 해서 미흡한 실험설계의 형태로 진행한 실험연구라면 사전실험이라고 할 수 있다.

독립변인의 인위적인 조작은 있으나 무작위 배치의 조건이 충족되지 않을 때 유사실험이라고 한다. 연구를 진행하다 보면, 여러 실험집단이 있으나 각 실험집단에 무작위로 피험자들을 배치할 수 없는 부득이한 경우가 있다. 이러한 경우, 유사실험연구라고 한다. 예들 들면, 흡연자와 비흡연자의 폐암발병률 차이를 조사할 때 흡연자 집단과 비흡연자 집단에 피험자들을 무작위로 배치할 수 없을 것이다. 이와 같이, 연구의 성격과 목적에 따라 부득이 유사실험의 방식으로 자료를 수집해야 하는 경우가 있다.

참고로 독립변인의 인위적인 조작이 없는 경우 이를 비실험(non-experiment) 연구방법이라고 한다. 다음에 설명할 설문지 연구방법이 비실험의 한 예라고 할 수 있다.

핵심개념 실험, 유사실험, 비실험, 인위적 조작, 무작위 배치, 사전실험

(3) 실험설계(experimental design)

실험을 하기 위하여 사전에 엄격한 계획이 필요하다. 계획이 충실하지 않으면 가외변인의 발생가능성이 높아지기 때문이다. 실제로 자료를 수집하기 전에, 자료를 수집하기 위한 사전 계획을 실험설계라고 한다. 여기서는 몇가지 간략히 소개하려고 한다. 실험설계를 이해하려면 먼저 몇 가지 용어에 익숙해질 필요가 있다. 아래에서 필요한 용어를 소개한 후 실험설계를 설명하려고 한다.

1) 실험설계와 관련된 용어

실험설계를 하기 위하여 몇가지 개념적 용어를 이해해야 한다. 먼저 실험처치(experimental treatment)라는 개념이 있다. 실험처치는 인위적 조작(manipulation)과 같은 개념이다. 연구자가 인위적으로 독립변인을 조작했을 때 실험처치를 했다라고 말한다. 이런 점에서 인위적 조작과 실험처치는 동일한 용어라고 할 수 있다. 실험설계를 할 때, 실험처치를 한 경우 X로 표시한다. 실험처치의 종류가 여러 개

일 때, X_1, X_2, X_3 등으로 표시한다.

실험에는 여러 유형의 집단이 존재한다. 실험집단, 비교집단 그리고 통제집단이 그것이다. 실험집단(experimental group)은 특정한 실험처치에 노출된 집단을 말한다. 앞의 친밀성 예시에서 보면, 친한 친구라는 특정한 실험처치에 노출된 피험자 집단을 실험집단이라고 할 수 있다. 비교집단(comparison group)은 여러 종류의 실험처치가 있을 때 실험집단에게 노출된 실험처치가 아닌, 다른 실험처치에 노출된 집단들을 말한다. 비교집단은 연구에 따라서 한 개의 비교집단만 있는 경우도 있고, 여러 비교집단들이 있는 경우도 있다. 앞의 친밀성 예에서 보면, 친하지 않은 친구라는 다른 실험처치에 노출된 피험자 집단을 비교집단이라고 할 수 있다. 이 예의 경우, 실험처치가 친한 친구와 친하지 않은 친구라는 두 종류로 이루어졌기 때문에 한 개의 실험집단과 또 다른 한 개의 비교집단만 있는 실험 연구라고 할 수 있다. 물론 친하지 않은 친구라는 실험처치에 노출된 피험자 집단을 실험집단으로 본다면, 친한 친구라는 다른 실험처치에 노출된 피험자 집단은 비교집단이 된다. 실험집단과 비교집단은 실험처치에 따른 상대적 개념이라고 할 수 있다. 반면에, 통제집단(control group)은 실험처치에 노출되지 않은 피험자 집단을 말한다. 실험처치의 효과를 알아보기 위하여 많은 실험 연구의 경우 실험처치에 노출되지 않은 통제집단을 활용하기도 한다.

실험 연구의 경우, 실험처치를 행한 변인은 언제나 독립변인이 되기 때문에 실험처치의 효과를 파악하기 위하여 종속변인을 측정 혹은 관찰하여야 한다. 실험 연구의 경우, 종속변인의 측정은 실험처치를 하기 전에 측정하기도 하고 실험처치를 한 후에 측정하기도 한다. 실험설계에서 사전 종속변인의 측정을 O_b(=before Observation)로 표시하고, 사후 종속변인의 측정을 O_a(=after Observation)로 나타낸다.

실험설계는 보통 그림으로 나타내는데 집단을 구분하기 위하여 실사직선(————————)을 사용하며 여러 집단에 피험자들을 무작위로 배치하였다는 것을 표시하기 위해 MR(=Matched Randomness)을 이용한다. 이들 기호를 활용하여 여러 종류의 실험설계를 도식화한다.

2) 실험설계의 유형

실험설계는 연구의 성격과 목적에 따라 가장 적합하게 자료를 수집할 수 있는 방안으로 계획하는 것이 원칙이다. 여기에서 소개하는 실험설계의 종류는 독자들의 이해를 돕기 위한 몇몇 예시에 불과하다. 필요에 따라 여기서는 소개되지 않았지만 개별 실험 연구에 맞는 실험설계를 구상해서 최선의 계획을 세운 후, 이를 바탕으로 자료를 수집할 수 있다는 점을 명심해야 한다.

① 사후조사 통제집단 실험설계(posttest only control group exeprimental design)

이 실험설계는 실험집단과 통제집단이 있고, 실험집단의 경우 실험처치(X) 후 종속변인을 측정(O_a)하는 반면에 실험집단의 종속변인을 측정하는 시점과 동일한 시점에 통제집단의 종속변인을 측정(O_a')하는 실험방안이다. 이 실험설계는 O_a와 O_a'의 값을 비교함으로써 실험처치인 독립변인의 효과를 파악한다. 두 값이 차이가 크면 클수록 종속변인에 대한 독립변인의 효과가 큰 것이라고 할 수 있다.

실험 연구는 가외변인을 통제하기 위한 가장 좋은 연구이지만, 그렇다고 해서 가외변인을 완벽하게 통제할 수 있는 것은 아니다. 이를테면, 이 실험설계는 두 집단의 사전 종속변인의 값에 대한 차이가 가외변인으로 작동할 수 있다. 이런 측면에서, 실험 연구의 논문을 읽을 때 어떠한 실험설계를 적용했는지 확인하면서 잠재적 가외변인의 존재 가능성을 파악하려고 노력해야 한다. 가외변인의 단서가 새로운 연구아이디어를 찾는 단초임은 물론이다.

참고로, 실험처치 이전에 종속변인을 측정하면 사전조사라 하는 반면에 실험처

그림 8-1 사후조사 통제집단 실험설계

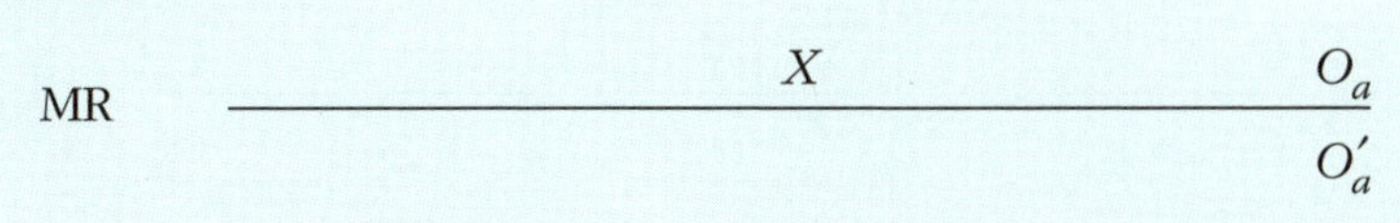

치 이후에 종속변인을 측정하면 사후조사라 한다. 사전조사 혹은 사후조사가 있느냐에 따라 실험설계 이름에 이를 포함시킨다. 또한 실험집단이 없다면 실험연구가 아니기 때문에 실험설계에는 실험집단이 반드시 존재해야 한다. 그러나 경우에 따라서 비교집단만 있거나 혹은 통제집단만 있거나 혹은 양 집단 모두 있을 수 있다. 이런 점 때문에 실험설계의 이름에 실험집단이라는 명칭을 사용하지 않는 대신에 비교집단 혹은 통제집단은 포함된다. 따라서 여기서 소개한 실험설계의 이름이 사후조사 통제집단 실험설계라고 불린다. 사후조사와 통제집단만 있기 때문이다. "폭력프로그램을 본 아이들과 폭력프로그램을 보지 않은 아이들은 공격성향에 차이가 있는가"라는 연구문제가 이 실험설계를 이용해서 조사할 수 있는 연구문제의 한 예라고 할 수 있다.

② 사전조사 사후조사 통제집단 실험설계(pretest posttest control group experimental design)

이 실험설계는 실험집단과 통제집단이 있고 사전조사와 사후조사 모두를 실시하는 방안이다. 이 실험설계는 사후조사 통제집단 실험설계가 안고 있는 문제점인 두 집단(즉, 실험집단과 통제집단)간 사전 종속변인의 차이라는 내적 타당도 저해요인을 통제하고 보완하는 방안이라고 할 수 있다.

실험처치의 효과는 각 집단의 사후조사값과 사전조사값 차이($O_a - O_b$, $O'_a - O'_b$)를 비교함으로써 파악한다. 즉 $(O_a - O_b) - (O'_a - O'_b)$를 계산해서 이 값의 크기가 클수록 실험처치의 효과가 더욱 크다고 말할 수 있다.

그림 8-2 사전조사 사후조사 통제집단 실험설계

$$\text{MR}\quad \begin{array}{ccc} O_b & X & O_a \\ \hline O'_b & & O'_a \end{array}$$

③ 솔로몬 4집단 실험설계(Solomon 4 group experimental design)

사후조사 통제집단 실험설계와 사전조사 사후조사 통제집단 실험설계를 합친 방안이다. 이와 같이 복잡하게 실험을 설계하는 까닭은 내적 타당도를 높이기 위함이다. 이 실험설계는 실제로 거의 사용되지 않는 방안이라서 자세한 설명은 줄이고자 한다.

그림 8-3 솔로몬 네 집단 실험설계

MR		X	O_{a1}
			O_{a2}
	O_{b1}	X	O_{a3}
	O_{b2}		O_{a4}

④ 요인방안(factorial design)

요인방안은 가장 널리 쓰이는 실험설계이다. 실험처치의 수는 연구의 성격과 목적에 따라 달라진다. 두 개의 실험처치만 가해질 수 있고 혹은 세 개의 서로 다른 실험처치가 있을 수 있고, 더 많은 수의 실험처치가 있을 수 있다. 이 방안의 특성은 실험집단과 비교집단이 있다는 것과 사후조사만 실시한다는 것이다.

그림 8-4 요인방안

MR	X_1	O_{a1}
	X_2	O_{a2}
	X_3	O_{a3}
	X_4	O_{a4}

요인방안으로 자료를 수집하는 경우, 주로 변량분석이라는 통계기법을 사용하여 자료를 분석하는 것이 일반적이다. 예를 들면, 친밀성에 따른 문자메시지 사용횟수의 차이를 조사하려고 한다고 하자. 이를 위해 매우 친한 사이, 적당히 친한 사이 및 친하지 않은 사이의 문자메시지 사용횟수를 측정하고 이 결과를 비교함으로써 문자메시지 사용횟수에 대한 친밀성의 효과를 파악하게 된다.

요즈음 실험 연구는 주로 2개 이상의 독립변인이 종속변인에 미치는 효과를 조사하는 연구가 대세라고 할 수 있다. 인위적으로 실험처치해야 할 두 독립변인의 유목 수가 2와 3이라면 각 독립변인의 유목 수를 이용해서 2×3 요인방안이라고 한다. 물론 3×2 요인방안이라고 해도 되지만, 유목이 적은 수부터 쓰는 것이 관례이기 때문에 2×3 요인방안으로 말하는 것이 더욱 자연스럽다고 할 수 있다. 2×3 요인방안은 실험처치가 X_1부터 X_6까지 여섯 종류가 존재하는 실험설계라고 할 수 있다. 위에서 언급한 바와 같이 독립변인과 종속변인의 인과관계를 파악하기 위해 주로 변량분석을 이용하기 때문에 이와 관련된 내용은 여기서 자세히 언급하기 어렵다. "공신력(높음 대 낮음)과 메시지 제공 방식(글자 대 비디오)이 태도변화에 어떠한 영향을 미치는가"라는 연구문제는 요인방안을 사용해서 자료를 수집할 수 있는 연구문제의 한 예라고 할 수 있다.

핵심개념 실험집단, 통제집단, 비교집단, X, O_b, O_a, ———, MR, 사후조사 통제집단 실험설계, 사전조사 사후조사 통제집단 실험설계, 솔로몬 실험설계, 요인방안

(4) 실험 연구방법의 문제점과 연구아이디어

실험 연구가 지니는 문제점은 실험 연구가 추구하는 목적과 깊은 연관성이 있다. 실험 연구는 내적 타당도를 확보하려는 연구이기 때문에 기존 실험 연구논문을 읽을 때 내적 타당도 저해요인들이 있는지 검토하고 이를 찾는 것이 연구아이디어의 핵심이다. 실험설계상에서 나타나는 오염요인이 있는지, 독립변인을 의도와 다르게 잘못 조작함으로써 독립변인에 측정오차의 발생가능성이 없는지 그리고

종속변인에 대한 측정오차의 가능성이 없는지, 더 나아가서 여러 집단에 피실험자들을 배치할 때 문제점이 없는지 그리하여 표본의 배치와 구성으로부터 발생할 수 있는 오염요인이 존재할 가능성이 없는지 등을 따져 보아야 한다. 이러한 과정을 통하여 새로운 연구아이디어를 찾아낼 수 있을 것이다. 이와 연관된 내용은 앞의 여러 장에서 이미 자세히 논의하였기 때문에 여기서는 이만 줄이고자 한다.

2. 설문지 연구방법

(1) 설문지 연구방법이란

설문지 연구방법(survey)은 질문을 이용해서 자료를 수집하는 연구방법이다. 여론조사와 같은 조사가 전형적인 설문지 연구방법의 한 예라고 할 수 있다. 설문지 연구방법은 다른 말로 서베이 연구방법이라고도 하는데 연구자가 독립변인(들)을 직접적으로 통제하지 않는, 즉 인위적으로 조작하지 않는 체계적이고 실증적인 조사를 의미한다. 설문지 연구방법에서는 독립변인들과 종속변인들 간에 공변화가 있는지의 유무를 통해서 이들 변인 간의 관계를 추론한다. 또한 설문지 연구방법에서는 직접적인 가외변인의 통제가 매우 어려우며 조사대상자들의 무작위 배치도 불가능하다. 그래서 실험과 서베이는 가외변인의 통제가 가능한 정도에서 가장 극명한 차이를 보인다. 따라서 설문지 연구방법의 경우, 인과관계가 아님에도 독립변인과 종속변인 간의 관계를 인과관계로 잘못 해석하는 경우가 종종 발생하기도 한다.

설문지 연구방법은 사실을 발견하려는 탐사적 연구, 사회현상이나 사회현실을 있는 그대로 서술하거나 혹은 사회현상들이나 사회현실들 간의 관계를 있는 그대로 발견하려는 기술적 연구 혹은 가설 검증 연구에서 자료수집방법으로 쓰일 수 있다. 설문지 연구방법은 커뮤니케이션과학과 언론정보학은 물론 사회학이나 정치학 분야에서도 많이 사용하는 자료수집방법이라고 할 수 있다. 여러 질문들을 종이에 인쇄하여 질문들을 모아놓은 측정도구를 설문지라고 한다. 설문지 연구방법이란 바로 이 설문지를 이용해서 자료를 수집하는 방법을 말한다. 설문지 연구방법은 질문을 이용하기 때문에 어떠한 질문을 어떻게 만드느냐가 설문지 연구방법의 가장 중요한 핵심사항이라고 할 수 있다.

설문지 연구방법은 기본적으로 속성변인들에 대한 자료를 수집하려는 연구방법이다. 사람들 혹은 조사대상자들이 지니고 있는 있는 그대로의 속성이나 특성을 조사할 때 적합한 자료수집방법이라고 할 수 있다. "연령별 정당 지지도는 어떻게 되는가"와 같이 사람들이 지니고 있는 그대로의 특성을 조사하려는 연구문제를 설문지 연구방법으로 조사할 수 있는 연구문제의 한 예로 들 수 있다.

핵심개념 설문지 연구방법, 서베이, 탐사적 연구, 기술적 연구, 가설검증 연구

(2) 설문지 연구방법을 사용하는 연구문제 형태

설문지 연구방법을 쓰는 연구문제의 형태는 크게 두 가지이다. 하나는 '얼마나 많은(how many)' 꼴의 연구문제이다. 예를 들면, '얼마나 많은 사람들이 더불어 민주당 후보에게 투표를 할 것인가?' 혹은 '얼마나 많은 사람들이 그 드라마를 시청하는가?' 혹은 '얼마나 많은 사람들이 그 휴대폰을 사는가'와 같은 연구문제이다.

다른 하나는 '어떻게/어떠한(how)' 꼴의 연구문제이다. 주로 변인들 간의 관계를 파악하고자 할 때 이러한 형태로 연구문제를 만드는 것이 일반적이다. 예를 들면, '특정 정당지지자들과 인구사회적 변인 간에는 어떠한 관계가 있는가?' 혹은 '성별과 대인설득전략의 사용 간에는 어떠한 관계가 있는가?'와 같은 연구문제이다.

설문지 연구방법에서 조사하는 질문은 크게 두 가지 요인으로 대별할 수 있다. 하나는 사회학적 요인이다. 사회학적 요인이란 조사대상자들이 속해 있는 집단과 그 소속감 등과 연관된 정보들을 말한다. 성별, 사회계층, 경제수준, 교육수준, 출신지역, 소속정당, 직업 등의 변인들이 사회학적 요인에 속하는 변인이다. 다른 하나는 심리학적 요인이다. 심리학적 요인이란 조사대상자들이 지니고 있는 독특한

특성이나 성향과 관련된 내용들을 말한다. 개인적인 행동, 가치관, 성격, 태도, 신념, 의견 등을 측정하는 변인들이 심리학적 요인에 속한다고 할 수 있다. 설문지로 조사하는 사회학적 변인들이나 심리학적 변인들은 연구자가 인위적으로 조작하지 않는 속성변인(attribute variable)이다.

핵심개념 설문지 연구방법의 연구문제 형태, 얼마나 많은 꼴의 연구문제, 어떻게/어떠한 꼴의 연구문제, 사회학적 요인, 심리학적 요인

(3) 설문지 연구방법의 형태

설문지를 이용하여 자료를 수집하는 방식에 따라 설문지 연구방법은 여러 종류로 나뉜다. 먼저 조사대상자들을 직접 만나서 질문하는 방식인 인터뷰(interview)가 있다. 인터뷰는 직접 만나서 조사하는 방식과 전화로 하는 방식으로 다시 나눌 수 있다. 조사대상자가 직접 설문지를 읽고 응답하는 자가응답 방식(self-administered method)이 있다. 자가응답 방식도 설문지를 우편으로 보내고 응답후 우편으로 다시 받는 우편 방식, 인터넷 상에 질문을 올려놓고 조사대상자들이 스스로 응답케 하는 인터넷 설문 방식, 기타 비우편 방식 등이 있을 수 있다. 인터뷰나 자가응답 방식 이외에 패널 방식이라는 것이 있다. 패널이란 일정 기간에 걸쳐 설문지에 응답하는 고정 표본을 말한다. 패널 방식은 행동이나 태도의 변화 과정을 조사하는 데 적합한 방식으로서 선거기간 중 정치후보자나 정당의 지지율 변화를 알아보고자 할 때 많이 사용한다.

각 방식은 장단점이 있다. 응답회수율, 조사하는 데 걸리는 시간, 응답의 정직성, 조사비용, 익명성의 보장 등에서 장점을 보이는 방식도 있고, 단점을 보이는 방식도 있다. 각 방식의 장단점을 독자 여러분이 스스로 판단할 수 있다고 믿고 여기서는 자세한 논의는 생략하고자 한다.

핵심개념 인터뷰, 전화, 자가응답방식, 인터넷 방식, 비우편 방식, 패널

3. 내용분석 연구방법

(1) 내용분석 연구방법이란

내용분석 연구방법은 메시지와 관련된 자료를 수집하는 조사방법론이다. 풀어서 말하면, 내용분석 연구방법은 메시지가 지니고 있는 의미나 특성 등을 조사할 때 주로 사용되는 자료수집방법이다. 보통 사회과학적 연구는 사람들을 대상으로 자료를 수집하고 연구하는 것이 일반적이다. 내용분석 연구방법은 메시지를 대상으로 조사하는 자료수집방법이라는 점에서 다른 연구방법과 크게 대비되는 연구방법이다.

내용분석 연구방법은 메시지가 지니고 있는 의미나 특성을 분석하고 이에 대한 자료를 수집하는 방법이기 때문에 실험 연구방법이나 설문지 연구방법에 비하여 자료수집과정도 매우 다르고 훨씬 더 복잡하다. 메시지를 분석하기 위한 분석틀(coding scheme; 내용분석체계라고 함)도 필요하고, 메시지 분석을 위한 기본단위를 결정하는 여러 과정이 필요하기 때문이다. 내용분석 연구방법을 이용하여 자료를 수집해야 하는 연구문제의 예로는 "한국인의 대인설득전략에는 어떠한 유형이 있는가"를 들 수 있다. 이 연구문제는 사람들이 설득할 때 사용하는 설득메시지의 유형에는 어떠한 것이 있는지를 조사하려는 질문이기 때문에 설득메시지를 대상으로 그 유형을 분석해 냄으로써 해결할 수 있는 연구문제이다. 이런 점에서 내용분석 연구방법으로 해결할 수 있는 전형적인 연구문제라고 할 수 있다.

핵심개념 내용분석, 내용분석체계

(2) 내용분석 연구방법의 원리와 절차

내용분석 연구방법은 메시지와 관련된 자료를 수집하는 조사방법론이다. 구체적으로 내용분석 연구방법의 절차를 하나씩 살펴보기로 하자.

1) 표본의 선정

다른 자료수집방법론인 설문지 연구방법과 실험 연구방법의 표본이 사람인 것과 달리, 내용분석은 표본이 메시지다. 내용분석은 표본이 사람이 아니라 메시지이기 때문에 표집의 과정이 독특하다. 어떤 종류의 메시지가 표본으로 표집되어야 하느냐에 따라 달라지기는 하지만, 내용분석의 경우 일반적인 표집의 과정은 여러 단계를 거쳐야 한다. 일간지 기사를 표집하는 예를 들어 보자. 첫 번째 단계는 일간지의 종류가 많기 때문에 어떤 종류의 신문을 표집할 것인지를 결정하여야 한다. 모든 종류의 일간지를 열거한 후 무작위로 추출해 본 결과, 한겨레, 경향신문 그리고 중앙일보가 뽑혔다고 하자. 특정 종류의 일간지가 선정된 다음에는 일간지는 일요일을 빼고 매일 발간되기 때문에 어떤 일자의 신문을 선정할 것인지를 결정하여야 한다. 일자가 결정되고 나면, 마지막으로 그 일자의 신문기사 중 어떤 기사를 최종 메시지 표본으로 선정할 것인지를 결정하여야 한다. 이와 같이, 내용분석의 메시지 표본은 여러 단계를 걸친다는 점에서 사람을 표본으로 삼는 연구방법론들과는 차이가 있다.

표집의 단계가 복잡하고 여러 단계를 거치기 때문에 각 단계의 표집에 대한 기준과 방식에 따라 최종 자료의 값이 달라질 수 있다. 결과적으로, 표집의 절차에 따라 연구결과가 바뀔 수 있다는 것이다. 따라서 내용분석의 경우, 표집의 과정과 절차가 모집단을 대표할 수 있도록 진행하는 것이 매우 중요하다고 할 수 있다. 역으로 내용분석을 이용한 기존 연구를 검토할 때에는 표집의 과정과 절차에 어떠한 문제가 없는지를 신중하게 검토하여 오염변인 등의 발생가능성 유무를 살펴보아야 한다. 이를 토대로 연구아이디어를 찾을 수 있기 때문이다.

2) 분석단위의 결정

메시지 표본이 선정된 다음, 분석단위를 결정해야 한다. 내용분석에서 최종 자료에 영향을 미칠 수 있는 중요한 요인 중 하나가 분석단위이다. 분석단위(unit of analysis)란 메시지를 분석하기 위한 기본 단위를 말한다. 예를 들면, 기사를 분석하는 내용분석 연구의 경우 분석단위는 한 건의 기사 전체, 문장, 토픽 등으로 연구목적에 따라 다르게 선정할 수 있다. 만일 한 건의 기사 전체가 분석단위라면 열 문장으로 구성된 한 건의 보도기사라고 하더라도 한 개의 표본으로 분석하게 되며, 문장을 분석단위로 삼으면 열 개의 표본으로 분석하게 된다. 분석단위에 따라 한 건의 보도로부터 만들어지는 표본이 달라지기 때문에 최종 자료의 값도 영향을 받게 됨은 당연하다.

분석단위의 유형에는 물리적인 분석단위와 주관적인 분석단위가 있다. 물리적 단위는 문장이나 단어 등과 같이 객관적으로 판단할 수 있는 분석단위를 일컫는다. 이 경우는 분석단위를 객관적으로 판단할 수 있기 때문에 누가 분석단위를 코딩하더라도 동일한 코딩결과를 얻을 수 있는 분석단위라고 할 수 있다. 결과적으로, 물리적 분석단위의 코딩결과는 어려움없이 높은 신뢰도를 달성할 수 있는 분석단위라고 할 수 있다.

반면에 토픽, 주제, 전략과 같은 주관적인 분석단위의 경우는 분석단위의 코딩결과에 대한 신뢰도가 낮아질 우려가 있다. 주관적인 판단으로 분석단위를 결정해야 하기 때문에 코딩하는 사람에 따라 분석단위의 코딩이 달라질 수 있다. 예를 들면, 한 건의 신문기사에 대하여 한 코더는 세 주제로 구성되어 있다고 코딩하는 반면에 다른 코더는 네 주제로 이루어져 있다고 판단할 수 있다. 따라서 주관적인 분석단위를 코딩할 때에는 두 사람 이상의 코더를 이용함으로써 이 문제(분석단위의 코딩이 불일치하는 문제)를 해결하도록 하여야 한다. 위에서 언급한 바와 같이, 분석단위의 코딩결과에 따라 표본의 수가 달라질 수 있고 이의 결과로서 연구결과도 바뀔 수 있기 때문이다. 두 사람이 분석단위를 독립적으로 코딩한 후, 두 코더의 코딩결과에 대한 일치도를 이용하여 분석단위에 대한 신뢰도를 계산할 수 있다. 이 신뢰도를 분석단위 신뢰도(unitizing reliability)라고 한다. 주관적 분석단위의 경우 분석단위 신뢰도를 반드시 보고하여야 한다. 참고로 분석단위 신뢰도를 계산하는 공식은 다음과 같다.

$$분석단위\ 신뢰도 = 2 \times M / (M_1 + M_2)$$

M : 두 코더간 일치된 분석단위 개수
M_1: 한 코더가 코딩한 분석단위 개수
M_2: 두 번째 코더가 코딩한 분석단위 개수

3) 내용분석 체계의 구성

내용분석의 핵심은 내용분석 체계(coding scheme)에 있다. 내용분석 체계는 개별 분석단위의 메시지를 분석하는 기준표라고 할 수 있다. 예를 들면, 기사 유형을 정치기사, 사회기사, 경제기사, 문화기사, 정보기사, 기타라는 유목으로 내용분석 체계를 만들 수 있다. 내용분석 체계를 기준으로 메시지를 코딩할 때에도 두 사람 이상의 코더들을 활용하여야 한다. 분석단위 신뢰도처럼, 두 사람 이상의 코더들이 코딩한 결과가 일치한 정도를 계산하여 내용분석 신뢰도(categorizing reliability)를 보고하여야 한다.

내용분석의 연구결과는 사실 내용분석 체계를 넘어서지 못한다는 것이 내용분석의 한계라고 할 수 있다. 다시 말하면, 내용분석 체계에 따라 내용분석의 연구결과가 달라진다는 것이다. 예를 들면, 사설의 논조에 대한 내용분석할 때 '보수적, 중도적, 진보적'이라는 내용분석 체계를 이용하는 경우와 '긍정적, 중립적, 부정적'이라는 내용분석 체계를 이용하는 경우의 연구결과는 판이하게 달라진다는 것이다. 이런 점에서 내용분석 체계가 연구결과에 직접적인 영향을 미치기 때문에 내용분석의 핵심이라고 말할 수 있는 것이다.

내용분석 체계를 만드는 일은 매우 어렵다. 독자들을 위해 내용분석 체계를 만드는 저자가 지니고 있는 노하우를 하나 알려주면 이렇다. 내용분석 체계를 유형화시킬 수 있는 기준 개념을 먼저 찾는다. 기준 개념을 발견하였다면 기준 개념의 정도에 따라 유형화를 시도한 후 각 유형(유목)에 이름을 부여함으로써 내용분석 체계를 만드는 것이다. 예를 들면, 사설 논조 분석의 내용분석 체계를 만들려고 한다고 하자. 그리고 이에 대한 기준 개념으로 '경제이념'이라는 개념을 선정했다고 하자. 선정된 경제이념의 정도에 따라 '보수, 중도, 진보'라는 세 유목의 내용분석 체계를 만들 수 있다. 만일 필요하다면, 기준 개념을 하나가 아니라 둘 혹은 셋 등으로 확장할 수 있다. 이를테면, 사설 논조 분석의 또 다른 기준 개념으로 방향성이라는 개념을 추가로 선정할 수 있다. 방향성의 정도에 따라 '긍정, 중립, 부정'이라는 세 유목을 만들고, 두 기준 개념으로 만든 각 유목들을 교차하여 '보수/긍정, 보수/중립, 보수/부정, 중도/긍정, 중도/중립, 중도/부정, 진보/긍정, 진보/중립, 진보/부정'이라는 9개의 유목으로 구성된 최종의 내용분석 체계를 완성할 수도 있을 것이다. 다시 한 번 더 강조하면, 내용분석 체계를 만드는 중요한 요령의 하나는 기준 개념을 찾아서 이를 이용하여 내용분석 체계를 구성하는 것이다. 기준 개념은 연구목적을 해결할 수 있는 개념으로 찾아야 함은 두말할 나위가 없다.

저자의 생각으로, 내용분석 체계는 반드시 유목들로 구성된 체계로만 만들 필요가 없다고 본다. 내용분석 체계를 리커트 척도처럼 만들 수도 있다. 예를 들면, 사설의 경제적 성향을 분석하기 위해 '이 사설의 내용은 상당히 보수적이다'라는 질문에 '전혀 그렇지 않다, 그렇지 않다, 그저 그렇다, 그렇다, 매우 그렇다'라는 척도를 주고 이에 대한 질문에 대해 코더들이 응답함으로써 코딩하는 식의 내용분석 체계도 있을 수 있다는 것이다. 이 때 주의할 점은 신뢰도의 검증을 위해 유목으로 구성된 내용분석 체계를 코딩할 때보다 훨씬 더 많은 수의 코더들을 두어야 한다는 것이다. 저자의 생각으로 15명에서 20명 정도의 코더들이 적당할 것으로 판단된다.

내용분석 체계의 유목들을 만들 때 지켜야 하는 두 가지 원칙이 있다. 하나는 포괄성의 원칙(the principle of being exhaustive)이다. 포괄성의 원칙이란 내용분석할 모든 메시지가 내용분석 체계를 이용하여 코딩될 수 있어야 한다는 원칙이다. 이를테면, 표본이 되는 어떤 메시지가 내용분석 체계를 이용하여 코딩할 수 없다면 이 체계는 잘못 만들어진 체계라고 할 수 있다. 보통, 포괄성의 원칙을 위해서 내용분석 체계에 흔히 '기타'라는 유목을 포함시키는 데 지나치게 많은 메시지가 이 유목으로 코딩된다면 내용분석 체계의 유목을 더욱 세분화시켜야 한다.

또 다른 원칙은 상호배제성의 원칙(the principle of being mutually exclusive)이다.

상호배제성의 원칙이란 내용분석 체계의 한 유목으로 메시지가 코딩되었다면 다른 유목으로는 중복 코딩되지 않아야 한다는 원칙이다. 즉, 한 메시지가 두 개 이상의 유목으로 코딩되지 않아야 한다는 것이다. 만일 중복 코딩된다면 내용분석 체계는 잘못 구성되어졌다고 할 수 있다. 기존 연구의 내용분석 체계가 잘 만들었는지 혹은 잘못 만들었는지를 판단할 때 두 원칙을 준용해서 평가하여야 한다.

4) 코더들의 훈련과 코딩

분석단위와 내용분석 체계가 결정되면, 각각을 코딩할 코더들을 선정한다. 분석단위나 내용분석 체계 모두, 두 명씩의 코더를 선정하는 것이 보통이다. 분석단위를 제대로 코딩할 수 있도록 훈련시킨 다음, 코더들로 하여금 메시지 표본에 대해 분석단위 코딩을 실시시킨다.

내용분석 체계도 마찬가지로, 두 명의 코더를 선전한 다음 올바르게 코딩할 수 있도록 훈련시킨 후 이들로 하여금 개별 분석단위가 내용분석 체계의 어떠한 유목에 속하는지 코딩시킨다. 이 코딩자료를 이용하여 연구문제의 해답을 얻거나 혹은 가설을 검증하는 것이 일반적인 과정이다.

핵심개념 내용분석용 메시지의 표집과정, 매체의 표집, 일자의 표집, 메시지의 표집, 분석단위, 물리적 분석단위, 주관적 분석단위, 분석단위 신뢰도, 내용분석 신뢰도, 내용분석의 한계, 내용분석 체계를 만드는 노하우, 기준(기저) 개념, 유목형 내용분석 체계, 리커트형 질문의 내용분석 체계, 포괄성의 원칙, 상호배제성의 원칙

(3) 내용분석과 연구아이디어

연구아이디어는 기존 연구의 허점과 문제점을 찾고 이에 대한 대안을 제시함으로써 생성된다고 할 수 있다. 내용분석 연구도 예외는 아니다. 내용분석 연구가 지닐 수 있는 문제점을 철저히 검증함으로써 새로운 연구아이디어를 발견할 수 있다.

내용분석 연구의 문제점은 크게 보면 세 부분에서 발생할 수 있다. 하나는 표본이다. 표집의 과정이 타당했는지 그리고 그 결과 표본이 모집단을 대표하고 있는

지를 검토하여야 한다. 만일 표본과 연관하여 잘못이 발견된다면, 이러한 오류가 연구결과에 어떠한 영향을 미쳤는지를 논리적으로 추론함으로써 새로운 연구아이디어를 찾을 수 있을 것이다.

둘째는 분석단위와 연관되어 있다. 분석단위가 연구목적과 연구문제를 해결하기 위한 최적의 분석단위인지 및 분석단위의 코딩결과가 믿을 수 있는지 등을 살펴봄으로써 분석단위와 관련된 문제점을 세밀히 검토하여야 한다. 만일 잘못이 발견되었다면, 이러한 오류가 연구결과에 어떠한 영향을 미쳤는지를 역시 논리적으로 추론하고, 이를 토대로 새로운 연구아이디어를 찾아야 할 것이다.

마지막으로, 내용분석 체계이다. 내용분석 체계가 연구목적과 연구문제를 해결하기 위한 최적의 내용분석 체계인지, 포괄성과 상호배제성의 원칙에 부합되는 내용분석 체계인지 그리고 그 내용분석 체계를 더 발전적으로 변형 혹은 수정시키거나 확장시키는 것이 가능한지 등을 세심히 살펴보아야 한다. 이러한 과정을 통하여 문제점을 찾았다면 이를 기반으로 새로운 연구아이디어를 발견할 수 있을 것이다.

생각해 볼 문제

1. 실험 연구방법을 사용한 기존연구 논문을 찾아보자. 그 연구가 사용한 실험설계가 무엇인지, 어떤 종류의 집단이 있는지, 독립변인에 대한 실험처치 방식이 무엇인지, 종속변인은 무엇이고 어떻게 측정했는지 그리고 그러한 과정에서 발생할 가능성이 있는 내적 타당도의 저해요인은 없는지 등을 정밀하게 파악해 보자. 이를 바탕으로 그 연구의 문제점이 무엇인지 그리고 문제점이 있다면 그 문제점을 보완할 수 있는 연구를 구상해 보자.

2. 설문지 연구방법을 사용한 기존연구 논문을 찾아보자. 그 논문의 연구문제가 무엇인지, 혹은 가설이 있다면 가설이 무엇인지, 연구문제나 가설에 나오는 변인들을 측정하기 위해 어떠한 방식의 질문을 만들었는지, 어떠한 방식으로 설문지 자료를 수집했는지 그리고 이 연구가 내적 타당도와 외적 타당도 중 어떤 타당도에 더 중요성의 비중을 두고 있는지 등을 분석해 보자.

3. 내용분석 연구방법을 이용한 기존논문을 찾아서 그 연구의 분석단위와 내용분석 체계가 무엇인지 조사해 보자. 분석단위가 주관적 단위인지 혹은 물리적 단위인지 확인하고 분석단위 신뢰도가 그 논문에 제시되고 있는지 그리고 분석단위와 관련된 문제점은 없는지 토론해 보자. 또한 그 연구에서 사용된 내용분석 체계가 상호배제성의 원리와 포괄성의 원리를 충족시키고 있는지 그리고 내용분석 신뢰도가 얼마인지 및 문제는 없는지 논의해 보자. 이러한 논의를 토대로 새로운 연구아이디어를 찾아보자.

4. 기존 논문들의 내용분석 체계가 잘 만들어졌는지를 평가해 보자. 어떤 측면에서 잘 만들어졌는지 혹은 어떤 측면에서 잘못 만들어졌는지를 이야기해 보자.

5. 기존 논문들이 사용한 내용분석 체계에 기준이 되는 기저(기본) 개념(underlying construct)이 무엇인지를 찾아보자. 기저 개념의 관점에서 내용분석 체계가 잘 구성되었는지를 평가해 보자.

Chapter 9

사회과학적 연구와 논문의 구성

여기서는 연구자가 되고자 하는 학생들을 위해 과학적 방법으로 연구를 진행하는 과정과 절차를 간략히 설명하려고 한다. 초보연구자의 경우, 막상 연구를 하고 싶은데 어떤 식으로 연구를 진행해야 할지 몰라서 우왕좌왕 하기 일쑤다. 저자도 초보 연구자 시절에 이 점에서 예외는 아니었다. 연구논문의 구성도 연구의 진행 과정과 절차를 따르기 때문에 이러한 내용은 연구를 진행할 때는 물론 논문을 쓸 때도 많은 도움을 준다. 이 장에서 다음의 내용을 배울 것이다.

- 과학적 연구의 일반적인 과정과 절차
- 논문의 구성

1. 개요: 사회과학 연구의 일반적인 과정과 절차

사회과학 연구의 일반적인 과정과 절차를 십분 이해하게 되면, 연구할 때 두 가지 이점을 가져다 준다. 하나는 다른 연구자가 쓴 연구논문을 쉽게 읽을 수 있다는 이점이다. 우리가 목적지를 갈 때 길을 알고 가면 빠르게 도착한 것처럼 느껴지는 데 반해 모르고 가면 먼 길을 왔다는 느낌을 받는 것과 같은 이치이다. 연구의 일반적인 과정과 절차를 모르면 어디에 초점을 맞추어 읽어야 하는지 그리고 앞으로 어떤 내용이 나올 것인지 가늠하지 못하기 때문에 상대적으로 연구논문을 이해하기 어렵다.

다른 하나는 우리가 연구를 행할 때나 혹은 연구논문을 쓸 때 비교적 쉽게 연구를 진행하고 논문을 쓸 수 있다는 이점이다. 과학적 연구는 매우 구조화되어 있는 방법을 사용하기 때문에 연구의 진행방식도 매우 정형화되어 있다. 따라서 정형화되어 있는 과학적 연구 진행방식을 익히면 연구의 각 절차를 정확히 알 수 있기 때문에 연구를 하기가 훨씬 용이해진다.

일반적인 과학적 연구의 과정과 절차는 크게 다섯 단계로 구성된다. 하나는 사회현상에 대해 관심을 갖고 관찰하는 단계이다. 다른 하나는 구체적으로 연구목적을 설정하는 단계이며, 연구문제를 구성하는 단계가 세 번째 단계이다. 네 번째 단계는 연구문제에 대한 해답을 미리 추정하고 예측해서 논리적으로 내리는 단계인 반면에, 마지막 단계는 과학적 방법론을 실행하는 단계라고 할 수 있다. 이들 단계에 대해 다음에서 하나씩 상세히 살펴보기로 하자.

2. 첫 번째 단계: 사회현상에 대해 관심갖고 관찰하기

사회과학 연구의 첫걸음은 사회현상에 대한 관심이다. 보통 중요하거나 호기심이 발동하거나 혹은 흥미를 느끼면 관심을 갖게 되는 것이 삶의 이치이다. 우리 사회에서 중요한 것처럼 보이는 사회현상이나 우리 각자의 호기심이나 흥미를 유발하는 사회현상이 있는지 살펴보면서 특정한 사회현상에 대해 관심을 형성하는 것이 연구의 첫출발이다. 특정한 사회현상에 대해 관심이 생기면 그 사회현상이 발생하거나 그 사회현상을 경험할 때마다 열심히 관찰하여야 한다. '열심히 관찰한다'는 의미는 꼼꼼히 그리고 샅샅이 그리고 많은 사색에 잠기면서 그 사회현상을 분석적으로 보아야 한다는 것을 뜻한다. 이를테면, 그 사회현상이 발생하는 조건이 무엇인가, 그 사회현상과 유사하지만 다른 사회현상이 있는가, 있다면 유사하지만 다른 사회현상과 우리가 관심을 갖고 있는 사회현상 간의 차이점이 무엇인가, 그 사회현상에 영향을 미치는 다른 사회현상이 있는가, 그 사회현상이 영향을 미치는 다른 사회현상에는 어떠한 것이 있는가 등을 고민하면서 관찰하여야 한다는 것이다. 바로 사회현상에 대해 관심을 갖고 관찰하는 것이 사회과학 연구의 출발점인 것이다.

관심과 관찰의 예를 들어보자. 철수는 설득수업 중에 대인설득전략의 유형에 대하여 배울 기회가 있었다. 사람들이 다른 사람에게 부탁할 때 설득하는 다양한 유형의 대인설득 전략을 수업을 통해 알게 된 것이다. 대인설득전략을 배운 후, 철수는 정말 사람들이 그러한 전략을 사용하는지 관찰하는 습관이 생겼다. 사람들이 부탁을 하는 행동을 볼 때마다 그 사람들이 어떠한 대인설득전략을 쓰는지 유심히 관찰하였다. 열심히 관찰하다 보니깐, 수업시간에 배우지 않은 대인설득전략의 유형을 사람들이 사용한다는 사실을 알게 되었다. 철수는 왜 기존에 연구한 대인설득전략 이외에 다른 대인설득전략이 발견될까라는 궁금증이 들었다. 이 궁금증을 풀기 위해 대인설득전략에 대한 연구를 추적해 보니 수업시간에 배운 대인설득전략의 유형은 한국이 아니라 미국에서 연구된 것이라는 것을 파악하게 되었다. 이에 철수는 한국인의 대인설득전략과 미국인의 대인설득전략 간에는 어떠한 차이가 있는지에 대하여 호기심을 갖게 되었다. 그리하여 주변 사람들이 부탁을 할 때마다 그들이 어떠한 설득방식으로 자신들의 부탁을 하는지 열심히 엿듣는 습관이 생겼다. 이러한 관찰 결과, 한국인이 사용하는 대인설득전략의 유형에 대해 철수는 상당한 지식을 습득할 수 있었고 한국인이 즐겨 사용하는 대인설득전략의 유형은 수업시간에 배운 미국인의 그것들과 여러 면에서 다르다는 것을 알 수 있었다. 그래서 앞으로 한국인의 대인설득전략에 관한 연구의 필요성을 절감하고 이에 대한 연구를 시작하였다면, 철수는 사회현상에 대하여 관심을 갖고 관찰하는 사회과학 연구의 첫 단계를 성공적으로 마무리한 것이라고 할 수 있다.

핵심개념 관심, 관찰

3. 두 번째 단계: 구체적인 연구목적 설정하기

사회과학 연구의 두 번째 절차는 연구목적을 명확히 하는 것이다. 연구목적이란 연구하려는 사회현상을 왜 조사하고 싶은지 개괄적으로 규정하는 작업이다. 이 단계는 특정한 사회현상에 대해 관심을 가지게 된 동기와 이유가 막연했다면 이를 보다 더 뚜렷하게 하는 단계이자 동시에 이 이유와 동기를 충족시키기 위하여 어떠한 내용과 지식을 조사할 필요가 있는지 구체화시키는 단계이다. 다시 말하면, 이 단계에서는 관찰하면서 발견한 여러 사실들을 토대로 그 사회현상에 대하여 왜 관심을 가지게 되었는지 그리고 그 사회현상에 대해 새로운 지식을 얻으려고 하는 의도가 무엇인지를 생각하고 이러한 관심과 의도를 충족시킬 수 있는 지식은 과연 어떠한 지식인지를 명료화시키는 단계라고 할 수 있다. 새로운 지식을 얻기 위한 연구아이디어를 고민할 때 우리가 흔히 저지르는 잘못은 조사하려는 새로운 지식의 범위를 너무 넓게 설정하는 것이다. 그러나 우리가 하나의 연구를 통해 파악할 수 있는 새로운 지식의 범위는 극히 제한적이어서 연구아이디어의 범위를 가급적 좁혀야 하며, 좁힐수록 좋은 아이디어를 발견할 가능성이 높아진다. 연구목적도 연구아이디어와 마찬가지이다. 연구목적을 구체화함으로써 바로 연구할 내용과 지식의 범위를 한정시키고 연구의 성공가능성을 높이는 것이라고 할 수 있다.

다시 철수의 예로 되돌아가 이 단계를 설명해 보자. 철수가 처음에 대인설득전략을 관찰한 까닭은 수업 중에 배운 대인설득전략의 유형을 사람들이 설득상황에서 어떤 방식으로 쓰고 있는지 보면서 배운 내용을 확인하고 싶었기 때문이었다. 그러나 관찰하면서 한국인이 쓰는 대인설득전략의 종류 중에는 수업시간에 배운 미국인의 대인설득전략과 다른 유형이 여럿 있다는 것을 발견하게 되었다. 이에 철수는 한국인이 쓰는 대인설득전략의 방식에는 어떠한 유형이 있는지 그리고 미국인의 대인설득전략과 어떠한 차이가 있는지를 조사하고 싶어졌다. 만일 철수가 자신의 생각을 실제 행동으로 옮기려면, 무엇을 조사하려는지 연구목적을 구체적으로 언급하는 두 번째 단계를 진행하여야 한다. 그래서 '한국인이 쓰는 대인설득전략의 유형을 밝히고 더 나아가서 한국인과 미국인의 대인설득전략 유형 간에는 어떠한 차이가 있는지를 알아보고자 하는 것'이라고 철수는 연구목적을 서술할 수 있다.

핵심개념 연구목적, 연구목적의 용도

4. 세 번째 단계: 연구문제 만들기

세 번째 연구절차는 연구문제를 만드는 것이다. 연구의 궁극적 목표는 조사하려는 사회현상과 관련하여 아직 파악하지 못했거나 발견하지 못한 새로운 지식을 얻으려는 것이다. 세 번째 단계는 바로 새로운 지식을 얻기 위한 질문을 만드는 것이다. 새로운 지식을 얻기 위한 질문을 연구문제라고 한다. 연구문제를 만드는 까닭은 연구목적에서 언급한 알고 싶은 새로운 지식을 보다 더 명확히 그리고 구체화함으로써 연구의 초점을 정확히 맞추고 연구의 실행가능성을 더욱 높이기 위함이다.

조사하고 싶은 내용을 명확히 하면, 연구할 때 두 가지 이점을 얻을 수 있다. 하나는 연구목적을 보다 더 구체화함으로써 연구의 범위를 또 한번 줄여주는 이점이 있다. 추구하는 지식의 범위가 넓으면 무엇을 연구하려는 것인지 모호해지고, 결국 알고 싶은 지식을 얻을 수 없게 될 가능성이 높아진다.

또 다른 하나는 연구문제의 해답을 얻기 위하여 어떠한 방식으로 연구를 진행해야 할지 안내해 준다는 이점이 있다. 연구문제를 통해 알고 싶은 조사내용이 무엇인지 명확해지기 때문에 전체적인 연구계획을 수립하기가 용이해진다고 할 수 있다. 연구계획이 수립되면 연구상 미흡한 점을 미리 파악하여 보완할 수 있으며, 따라서 진행하려는 연구의 실행가능성과 성공가능성을 높여준다고 할 수 있다.

연구문제를 만드는 원칙은 구체적이며 관찰가능하고 사실유무를 검증할 수 있도록 만들어야 한다. 구체적이라는 의미는 연구범위를 가급적 좁힌다는 뜻이다. 위에서 언급한 바와 같이, 연구범위가 넓으면 연구 자체가 불가능해지기 때문이다. 또한 연구문제가 관찰가능한 형태로 서술되어야 하는 까닭은 과학적 연구가 측정의 과정을 포함하기 때문이다. 측정하려면 관찰가능해야 하며 이러할 때 과학적 연구의 대상이 될 수 있는 것이다. 연구문제를 관찰하여 해결할 수 없다면 과학적 연구를 위한 연구문제로 적합하지 않다고 할 수 있다. 따라서 관찰가능한 형태로 연구문제가 진술되어야 한다. 마지막으로, 과학적 연구는 사실유무를 검증함으로써 새로운 지식을 얻는 방식이기 때문에 과학적 연구를 위한 연구문제는 사실유무를 검증할 수 있는 형태로 서술되어야 한다. 측정을 통해 '맞다 혹은 틀리다'의 여부를 확인하는 이른바 검증의 과정이 과학적 방법의 핵심이기 때문에 연구문제도 이러한 요건에 맞도록 만들어져야 한다.

연구문제는 연구문제에 포함된 사회현상(즉, 개념)의 수에 따라 크게 두 유형으로 나누어 볼 수 있다. 한 유형은 연구문제에 하나의 사회현상(개념)만이 포함되어 있는 탐사형 연구문제이다. '한국인의 메시지 전략은 무엇인가'라는 연구문제에는 메시지 전략이라는 오로지 하나만의 사회현상이 포함되어 있기 때문에 탐사형 연구문제의 한 예라고 할 수 있다. 탐사형 연구문제는 특정한 사회현상에 대해 '있는 그대로' 기술(describe)함으로써 그 현상을 이해하려는 것을 목표로 삼는다. 탐사형 연구문제를 통해 얻으려는 지식은 그 사회현상과 관련된 심층적인 지식을 얻기 위한 첫단추에 해당하는 도구적 지식이다. 즉, 그 사회현상의 깊이있는 이해를 위한 전제로서 기본적 지식을 얻기 위한 연구를 시작해야 하는데, 바로 시작지점에 있는 이러한 연구를 탐사적 연구라고 할 수 있다.

다른 유형은 연구문제에 둘 이상의 사회현상이 포함되어 있는 이론형 연구문제이다. 이론형 연구문제는 기본적으로 사회현상들 간의 관계를 규명하려는 목표를 지니고 있는 연구문제라고 할 수 있다. '친밀성과 공손한 표현은 어떠한 관계가 있는가'라는 연구문제는 친밀성이라는 사회현상과 공손한 표현이라는 사회현상이라는 두 사회현상이 포함되어 있기 때문에 이론형 연구문제의 한 예라고 할 수 있다. 이론형 연구문제는 사회현상들 간의 관계를 밝힘으로써 사회현상들을 이해하려는 관계적 지식을 얻으려는 데에 주안점을 둔다. 이 관계적 지식은 일종의 명제(적 지식)라고 볼 수 있다. 이론은 명제를 이용하여 사회현상을 설명하기 때문에 이론화를 위한 연구문제라고 말할 수 있고, 그래서 이론형 연구문제라고 불리는 것이라고 할 수 있다.

핵심개념 연구문제, 연구문제를 서술하는 원칙, 탐사형 연구문제, 이론형 연구문제

5. 네 번째 단계: 연구문제에 대한 답을 미리 추정하고 예상해 보기

네 번째 단계는 연구문제에 대한 답을 미리 추정하고 예상해 보는 일이다. 연구문제의 답을 미리 추정하고 예상해 보면, 연구 진행과 과정을 전체적으로 구상하는 데 유리할 뿐만 아니라 연구의 성과(즉, 새로운 지식을 얻는 성과)를 거둘 수 있는 연구인지를 판단하는 데에도 많은 도움을 받을 수 있다. 사실, 연구를 할 때 가장 중요한 것 중 하나는 얻고 싶은 새로운 지식에 대한 답(즉, 연구문제에 대한 답 혹은 연구결과)을 미리 추정해 보는 것이다. 새로운 지식의 답인 연구결과를 미리 예상

하는 작업은 연구를 진행하는 데 많은 이점을 제공하기 때문이다.

방법론적인 지식이 없다면 이해하기 어렵겠지만 그 이점을 구체적으로 열거하면 다음과 같다. (1) 지금 진행하고자 하는 연구가 가치있는 연구인지를 미리 판단케 해 준다, (2) 연구의 핵심이 되는 사회현상은 무엇인지를 점검케 해 준다, (3) 그럼으로써 이 사회현상의 관찰 방법을 구상하는 데 도움을 준다, (4) 어떤 종류의 기존연구와 참고문헌을 읽고 검토해야 하는지에 대한 정보를 제공해 준다, (5) 연구를 어떻게 진행해야 할지에 대한 연구설계를 계획하는 데 도움을 준다, (6) 어떤 방식으로 자료를 수집해야겠다는 자료수집절차를 구상하는 데 도움을 준다, (7) 기타 등등. 이와 같이 많은 이점이 있기 때문에 연구문제는 반드시 만들고 미리 예상되는 답을 추정해 봐야 한다.

탐사형 연구문제에 대한 답을 미리 예상해 보는 것은 관찰하고자 하는 사회현상을 유심히 관찰함으로써 개략적으로 가능하다. 단순히 관찰하는 노력을 통해 답을 충분히 예상할 수 있다는 말이다. 앞에서 언급한 바와 같이, 탐사형 연구문제는 보다 더 심층적인 지식을 얻기 위한 단초의 지식이기 때문에 보통 정신적 노력보다는 육체적 노력이 더 많이 요구된다. 바꿔 말하면, 좋은 아이디어를 끊임없이 창출하려는 두뇌의 지적 활동보다는 생각없이 부지런히 연구를 진행하는 육체적 활동이 앞서면 탐사형 연구문제의 답을 구할 수 있다는 말이다. 이런 점에서, 사회현상을 있는 그대로 묘사함으로써 이해하는 탐사형 연구 작업은 지적으로 뛰어난 연구자가 아니더라도 보통의 지적 능력을 지니고 있는 누구라도 연구하는 방법만 알고 부지런하면 할 수 있는 연구라고 할 수 있다. 이런 이유에서 탐사형 연구는 연구라고 아니하고 조사라고 부르기도 하며 연구자들보다는 현업실무자들이 사업의 명목으로 많이 수행하는 연구이기도 하다. 이를테면, 여론조사, 의식조사, 빅데이타 분석 조사 등은 이름에서 알 수 있듯이 전형적인 탐사형 연구의 예들이며 이들 연구는 주로 현업실무자들이 수행하는 경향이 있다. 그래서 탐사형 연구문제는 이론형 연구문제에 비하여 반드시는 아니지만 대체로 연구가치가 떨어지는 연구문제라고 할 수 있다. 그렇다고 모든 탐사형 연구가 연구가치가 없는 연구라고 매도해서는 아니된다. 때로는 이론적 연구보다도 더 탁월하고 가치있는 탐사적 연구도 있다. 아무도 관심을 기울이지 않은 중요한 사회현상을 연구의 영역으로 끌어들이는 탐사적 연구라든지 혹은 이론적 연구를 위해 반드시 필요한 탐사적 연구가 이러한 예라고 할 수 있다. 그러나 단순히 사회현상만을 이해하려는 탐사형 연구문제라면 연구를 위한 연구가 될 수 있기 때문에 지양해야 한다. 탐사형 연구문제를 통해 얻은 지식이 심층적인 지식 혹은 이론적 지식을 얻기 위한 단초가 될 때 탐사형 연구문제는 조사가 아니라 진정한 연구가 될 수 있다는 점을 마음에 새겼으면 한다.

이론형 연구문제에 대한 답을 가설이라고 한다. 가설이란 사회현상들 간의 관계에 대한 추정적인 (답변) 진술문이라고 정의되기 때문이다. 가설을 설정하기 위해선 사회현상들 간의 관계를 추정하는 작업이 필수적이다. 사회현상들 간의 관계를 추정하기 위해선 추정근거가 있어야 함은 말할 필요도 없다. 이 추정근거를 보통 이론이라 하기도 하고 논리라고 말하기도 한다. 이론이나 논리에 의하여 이론형 연구문제의 답을 추정하는 것이 가능하다면 원칙적으로 가설을 세워야 하며 이를 검증하는 방식으로 연구가 진행되어야 한다. 가설의 예로, '친할수록, 공손하지 않는 표현을 사용할 것이다'를 들 수 있다.

이론형 연구문제를 해결하려는 이론적 연구은 표면적으로 사회현상들 간의 관계에 대한 지식을 추구하는 연구이지만 심층적으로는 이들 사회현상의 관계가 이론과 논리의 예측대로 성립되고 있는지를 확인함으로써 이론이나 논리를 검증하는 연구라고 할 수 있다. 이론형 연구문제의 답이 부분적으로 이론과 논리를 포함하고 있다고 볼 수 있기 때문이다.

때로는, 사회현상들 간의 관계가 다양한 이론이나 논리로 인하여 다양하게 추정될 수 있는 경우도 있다. 이를테면, A라는 논리에 따르면 '친할수록, 공손하지 못한 표현을 쓸 것이다'로 추정되는 데 반하여 B라는 논리에 따르면 '친할수록 공손한 표현을 쓸 것이다'로 추정될 수 있다. 이럴 경우, 사회현상들 간의 관계를 하나로 단정지을 수 없기 때문에 가설을 설정하는 대신에 연구문제로 그대로 두는 것이 일반적이다. 이론적 연구에서는 가설이나 혹은 연구문제가 꼭 있어야 하는데 가설로 설정하느냐 혹은 연구문제로 그대로 놓아 두느냐는 연구문제에 대한 잠정적 해답이 하나냐 혹은 여러 가능성이 있느냐에 좌우된다.

이론적 논리를 통해 사회현상들 간의 관계를 명확히 추정할 수 있을 때 가설이 설정되는 반면에, 다양한 이론적 논리들로 인하여 사회현상들 간의 관계가 여러 관계로 추정되는 경우 연구문제로 그대로 남긴다. 따라서 연구문제로 남길 때에는 가설로 남길 때에 비하여 다양한 논리가 제시되어야 하고 각각의 논리나 이론에 따라 사회현상들 간의 관계가 어떤 식으로 예측되는지를 상세히 서술하여야 한다. 이런 점에서 연구문제로 남길 때에는 같은 사회현상들 간의 관계에 대한 가설이 여러 가지가 있는 것과 같다는 점을 명심하여야 한다. 불행하게도, 커뮤니케이션 연구 중 많은 연구는 사회현상들 간의 관계에 대한 다양한 예측을 이론적으로 혹은 논리적으로 논의하지 않은 채 편의적으로 연구문제를 설정한 연구가 많다. 이러한 연구들은 모두 결격사유가 있는 연구들이라고 할 수 있다.

핵심개념 가설, 연구문제, 이론, 논리, 연구문제에 대한 추정적 답의 역할

6. 나머지 단계: 방법론을 계획하고 실행하기

다섯 번째 절차부터는 방법론적인 절차이기 때문에 이를 이해하기 위해 방법론적인 지식이 요구된다. 방법론적인 지식만 있으면 누구나 알 수 있는 기계적으로 진행되는 절차이기도 하다. 즉, 방법론을 잘 아는 사람에겐 무척 이해하기 쉬운 절차이나 방법론을 모르는 사람에게는 매우 이해하기 어려운 단계이다. 이런 점을 감안하면서 간략하게 논의해 보기로 하자.

다섯 번째 절차는 연구문제를 해결하기 위한 가장 적합한 과학적 연구방법을 결정하는 단계이다. 여기서 과학적 연구방법이란 자료수집방법을 뜻한다. 과학적 연구방법, 즉 자료수집방법에는 여러 가지가 있다. 이를테면, 실험, 서베이, 내용분

석 등이 있고 이러한 여러 방법 중 연구문제나 가설을 해결하기 위한 가장 좋은 방법이 무엇인지를 결정하면 된다. 사실, 연구문제나 가설을 보면 어떠한 자료수집 방법이 좋은지 어느 정도 과학적 방법론에 숙달된 사람들은 쉽게 판단할 수 있다. 예를 들면, '한국인이 즐겨 사용하는 대인설득전략에는 어떤 유형이 있는가'라는 연구문제를 해결하려면 대인설득 메시지에 대한 분석이 필수적이기 때문에 내용분석이, '친할수록, 공손하지 않은 표현을 쓸 것이다'라는 가설은 인과관계를 규명하려는 연구이기 때문에 실험이 자료수집방법으로 선정될 가능성이 높다. 잘 모르겠다면 제8장을 더 공부하기 바란다.

여섯 번째 절차는 여러 자료수집방법 중 세부 방법이 결정되면 이 방법에 맞추어서 자료수집을 위한 측정도구를 만드는 일이다. 이미 설명한 바와 같이 측정도구에도 여러 종류가 있다. 예를 들면 질문과 같은 언어적 측정도구, 연구자가 인위적으로 만드는 조작(manipulation), 조사대상자들의 행동을 보고 측정하는 행동적 측정도구 등이 있다. 측정도구를 만드는 방법은 이미 제7장에서 설명했기 때문에 여기서 생략하려고 한다.

나머지 절차는 한꺼번에 설명하려고 한다. 측정도구를 만들었으면 이를 이용하여 자료를 수집하고(여섯 번째 절차), 수집된 자료를 통계분석하고(일곱 번째 절차), 통계분석결과를 이용하여 결론을 내리면(여덟 번째 절차) 된다. 여기서 결론이라 함은 새로운 지식이자 연구문제의 답 혹은 가설이 맞는지, 틀리는지를 확인하는 것을 의미한다.

여기서 설명한 새로운 지식을 얻기 위한 절차에 대해 이의를 제기하는 사람이 있을 수 있다. 절대적인 절차가 아니기 때문이다. 자신이 얻고자 하는 새로운 지식에 따라 유연하게 절차를 수정해서 사용할 수 있다는 말이다. 새로운 지식을 얻으려는 연구는 새로운 지식을 얻을 수 있도록 가장 합리적이고 합당한 절차와 과정을 밟으면 된다는 것이 저자의 생각이다. 보다 더 중요한 것은 얻으려는 새로운 지식이 독창적이고 독보적이고 학술적 혹은 실용적 가치가 있느냐 혹은 없느냐라는 점이라고 할 수 있다. 앞서 지적한 바와 같이, 창의적 연구아이디어가 연구의 가장 중요한 요소이기 때문이다. 지금까지 설명한 내용을 토대로 기존에 발표된 과학적 연구 중 관심있는 논문을 하나 선정해서 이 논문이 어떤 절차로 새로운 지식을 얻었는지를 분석해 보자. 그리고 이 논문이 얻은 새로운 지식이 얼마나 창의적인 아이디어였는지도 평가해 보자. 새로운 지식을 얻는 과정과 절차를 확실히 이해하는 데 많은 도움을 줄 것으로 확신한다.

핵심개념 자료수집방법(실험, 서베이, 내용분석방법), 측정도구, 언어적 측정도구, 조작 측정도구, 행동 측정도구, 통계분석, 결론

☙ 생각해 볼 문제 ❧

1. 기존 연구논문을 읽고 책에서 설명한 단계별로 그 논문의 구성을 정리해 보자.

2. 자료수집방법에 따라 기존 연구논문의 구성이 다른지 혹은 같은지 비교해 보자.

3. 기존 연구논문을 읽고, 그 논문이 올바르게 가설과 연구문제를 세웠는지 평가해 보자. 그리고 그 연구에서 가설 혹은 연구문제를 세우기 위해 활용했던 이론이나 논리가 설득력이 있고 타당한지도 따져보자.

4. 연구문제와 가설을 설정하는 연구의 차이점은 무엇인가? 실제 논문을 읽고 이 차이점을 확인해 보자.

5. 탐사적 연구와 이론적 연구의 논문들을 찾아보고 이 논문들의 가치를 평가해 보자.

찾아보기

ㅅ

ㅇ

【저자소개】

강길호

서울대 언론정보학과(학사)
서울대 언론정보학과 대학원(석사)
미시간주립대 커뮤니케이션학과(박사)
계명대 신문방송학과 교수 역임
영남대 언론정보학과 교수(현)
한국소통학회 회장
한국언론학회 이사
한국페르소나 커뮤니케이션 컨설팅 고문
지역방송위원회 위원
지역선거방송 심의위원회 위원
대구 KBS 시청자위원
대구 영남일보 독자위원회 위원
참언론 대구시민연대 대표
한국언론학회 소장학자 우수논문 권장상 수상

저서

커뮤니케이션과 인간(공저)
정보사회의 이해(공저)
클릭, 지식정보사회(공저)
미디어 교육의 원리와 방법(공저)

논문

양자체면이론
한국인의 커뮤니케이션에 나타난 대인설득전략
한국인의 커뮤니케이션에 나타난 대인설득거절전략
한국인의 커뮤니케이션에 나타난 공손전략
광고에 나타난 광고 문안의 공손 표현이 수용자의 태도에 미치는 효과
광고에 나타난 외래어의 유형과 그 효과에 관한 연구
수용자의 기대와 기존 태도 방향이 수용자의 태도 변화에 미치는 영향 외 다수

사회과학논문 연구아이디어, 이렇게 찾는다
–사회조사 연구방법론의 이해와 활용

초판 인쇄 2017년 2월 5일
초판 발행 2017년 2월 10일

지은이 강길호
펴낸이 박노일

총괄기획 김중용 · 최준규
편 집 심성보

펴낸곳 pnc publishing and culture 피앤씨 미디어
경기도 고양시 일산동구 강송로 153 310-1501
등록 제396-2012-000203호
전 화 070)7550-3758 팩 스 02)718-8554
홈페이지 www.pncmedia.co.kr 이메일 pnc@pncmedia.co.kr
ISBN 979-11-5730-387-8 93330

정 가 18,000원